문화를 알면 중국이 보인다

문화를 알면 중국이 보인다

윤창준 지음

어문학사

'문화'를 알면 '중국'이 보이는가?

'문화'란 간단히 정의하면 '인류가 만들어 온 모든 유형·무형의 자산'이라고 할 수 있고 이 책에서는 '중국'의 '문화' 전반을 다룬다. 하지만 이 책의 궁극적인 목적은 제목에서도 밝혔듯이 독자들에게 '문화'를 이해시키고자 함이 아니라, '문화'를 통해서 '중국'을 '알게 함'이라고 할 수 있다.

'문화'를 알면 '중국'을 알 수 있을까?

오늘날 중국은 세계 최대의 인구, 세계 세 번째로 넓은 영토, 세계 두 번째의 국민 총생산과 국민 총소득, 그리고 외화 보유고를 자랑하며 미국과 함께 G2로 불린다.

세계의 정치, 경제, 군사, 과학 등 여러 방면에서 영향력을 발휘하며 세계인의 주목을 받는다. 특히 우리는 중국과 인접해 있고, 오랜 기간 인적·물적 교류를 해 왔기 때문에, 다양한 방면에서 중국의 영향을 받고 있음을 부인하기 어렵다.

이런 이유로 국내에서도 '오늘'의 중국의 정치, 경제, 사회 등 여러 방면에 대한 연구와 분석을 진행한다. 하지만 많은 경우 우리는 "왜?"라는 의문을 갖게 된다. 현실적으로 드러나는 '오늘'의 중국을 이해하기 위해서는 '어제'의 중국을 알아야 하는 이유다.

그 이유에 대해서 간략히 살펴보자.

아주 오래전부터 우리의 옆에는 중국이 있었다. 우리보다 땅도 넓고, 인구도 많았다. 때로는 평화롭게 지냈고, 때로는 전쟁을 치루기도 했다. 아무튼 우리는 오래전부터 중국과 교류를 해 온 셈이다.

하지만 20세기에 들어서면서 두 나라는 왕래가 줄어들었다. 우리는 일제의 강점기를 거쳤고, 중국은 서구열강의 침략과 국민당과 공산당의 내전을 겪었기 때문이다.

이후 일본의 패망과 우리 선조들의 노력으로 우리는 광복을 하게 되었고, 중국은 모택동의 승리로 중화인민공화국이 세워졌다. 하지만 곧 이은 한국전쟁에서 중국이 북한의 편을 들면서 중국은 우리에게 적국이 되었고, 한동안 우리는 '중국'을 '중공'이라 부르며 타도의 대상으로 삼았다.

1992년 우리와 중국이 수교하기 전까지 우리와 중국은 철저히 단절되어 있었고 우리는 중국을 제대로 알기 위한 노력을 하지 않았다.

수교 이후 30여 년이 지나가는 지금, 우리는 '중국'을 제대로 알고 있는가?

우리와 중국이 수교가 되면서 40여 년 만에 우리는 중국에 갈 수 있게 되었다. 하지만 우리가 본 것은 찬란하게 빛나던 과거의 중국이 아니라 가난하고 무식한 인민들과 더럽고 무질서한 도시였다. 우리보다 가난했고, 우리보다 발전이 늦었다.

수천 년의 역사 속에서 우리가 이처럼 중국보다 앞서 있다고 자신 있게 말할 수 있는 시기가 있었는가?

단돈 20만 원을 내고 많은 사람들이 4박 5일 중국 여행을 다녀왔고, 다녀와서는 중국 전문가라도 된 모양새로 '중국은 우리보다 못사는 나라'라고 떠들어댔다. 언론과 매스컴에서도 은연중에 중국을 무시하는 태도를 보이면서 중국의 엽기스러운 음식 문화를 소개하고, 한국을 흉내 내는 '짝퉁' 문화를 보도했다.

삼성 휴대폰을 사서 쓰고, LG TV를 사서 보는 우리보다 못사는 중국을 보니 아마 신이 났던 모양이다.

하지만 우리가 알고 있는 중국이 과연 '진짜' 중국인가?

1949년 10월 1일, 중화인민공화국이 세워진 이후 중국은 많은 변화를 겪었다. 어쩌면 수천 년의 역사 동안 겪은 변화보다도 더 큰 변화를 이 시기에 겪었을지도 모른다. 중국은 변했고, 지금도 변하고 있다.

하지만 우리는 이 큰 변화가 일어났던 40여 년간 철저히 중국과 단절되었다. 1992년 수교 이후에도 우리는 이 변화에 대해 자세히 알지 못했고, 현실로 드러나는 중국만을 가지고 중국을 이해하려고 하였다.

우리가 누군가와 교제를 할 때, 현재의 '그'를 이해하기 위해서는 '그'가 어떤 환경에서 태어나서 자랐고, 어떤 일을 겪었고, 무엇을 좋아하고 무엇을 싫어하는지, 왜 그런지를 알아야 한다.

마찬가지로 '오늘'의 중국을 보다 정확하게 알기 위해서는 '과거'의 중국을 알아야 한다. 특히 우리와 철저히 왕래가 끊어졌던 20세기 중반부터 약 40년간의 역사는 반드시 알아야 한다. 하지만 '중국'이 '중공'이었던 시절, 우리는 중국을 알려고 하지 않았고, 제대로 교육하지도 않았다. 수천 년간 가장 많은 교류를 했던 중국은 이 시기를 겪으며 우리의 관심에서 벗어나 그저 북한을 도와주는 '공산국가'가 된 것이다.

중국이 G2가 된 오늘날에도 여전히 우리에게는 중국을 폄하하고픈 정서가 있는 듯하며, 그 이유는 독자들도 대충 알고 있을 것으로 생각된다.

하지만 우리 개개인은 조금 더 정확하게 '중국'을 알아야 한다고 생각한다. 중국의 어떤 일면만으로 모든 중국을 평가하

거나 정의내리지 말고, 전체 중국을 알아나가려는 노력을 해야
한다. 중국을 좋아할 필요까지는 없더라도, 중국을 정확하게
알아야 할 필요는 너무나 많기 때문이다.

 '중국'을 알아나가는 방법으로 이 책은 '문화'를 도구로 삼았
다. 중국의 문화 전반을 이해함으로써 우리가 현재의 중국을
볼 때 '왜?'라고 느끼는 부분들이 해결될 수 있으리라 믿는다.

2019년 여름
삼가 씀

차례

1장

중국의 지리환경

 중국의 문화를 알기 위해서는 우선 중국이란 나라의 땅덩이에 대해서 알아야 한다. 왜냐하면 문화는 '인류가 만들어 온 유형·무형의 모든 자산'이기 때문에, 어떠한 지리환경에서 살아왔는가가 문화에 큰 영향을 미치기 때문이다. 예를 들어 추운 곳의 사람들과 더운 곳의 사람들은 세상을 바라보는 세계관, 가치관 등이 다를 수밖에 없다. 왜냐하면 추운 곳의 사람들은 아침에 눈을 뜨면 제일 먼저 오늘은 무얼 먹을까라는 걱정으로 하루를 시작한다. 따라서 그들이 보는 세상은 매우 현실적이고 이성적일 수밖에 없다. 반면에 더운 곳의 사람들은 먹을 걱정이 없었기 때문에, 아침에 눈을 뜨면 오늘은 뭘 하고 놀지라는 고민을 먼저 했을 것이다. 따라서 그들이 바라보는 세상은 매우 낭만적이고 감성적일 수밖에 없다. 사상 외에도 의식주 등 많은 부분이 지리환경의 영향을 받을 수밖에 없기 때문에 우리는 중국의 문화를 살피기 앞서 중국이란 나라의 지리환경에 대해서 알아야 한다.

1. 황화문명의 시작

중국은 황화문명으로부터 시작되었다. 이집트 문명, 메소포타미아 문명, 인더스 문명과 함께 세계 4대 고대문명인 황하문명은 다른 문명권이 현재까지 존속되지 않는 것과 달리 오늘날까지 중화인민공화국의 문명으로 이어지고 있다.

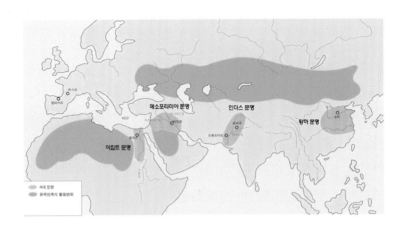

물론 수차례의 왕조의 교체와 이민족의 통치기간이 있었으나, 여전히 공동의 정치적, 문화적, 사회적 유대를 유지한 채 존속되고 있는 것이다.

이들 세계 고대 4대문명의 공통점은 모두 큰 강 유역에서 시작되었으며, 비슷한 위도에 위치해 있다는 점이다. 문명을 시작하기 위해서는 물이 필요했기 때문에 큰 강 유역에서 시작한 것이다. 또한 비슷한 위도에 위치해 있다는 것은 이들 문명권들이 유사한 기후대에서 시작되었음을 말해 준다. 즉 사람이 살기에 가장 적합한 기후인 아열대 기후대에서 문명이 싹튼 것이다.

이렇게 황하문명으로부터 시작된 중국의 문화는 이후 수천 년의 시간을 거치면서 오늘날의 중화인민공화국의 문화로 이어져 왔다.

2. 중국의 땅

'중국' 하면 우선 떠오르는 이미지가 아마도 '넓다'일 것이다. 중국인들도 스스로 태어나서 죽을 때까지 못해 보는 게 세 가지가 있는데, 그중에 하나가 중국을 다 돌아보지 못하는 것이라고 말한다. 그만큼 넓은 땅을 가지고 있는 중국이다.

중국의 육지 면적은 약 960만km^2로 지구 육지 총면적의 1/15

이고, 아시아의 1/4을 차지한다. 대략 유럽의 면적과 비슷한데, 세계적으로는 러시아, 캐나다에 이어 세계 3위이다. 한반도 면적(22만㎢)의 약 44배 정도이고, 남한 면적의 약 100배이다.

세계 주요 국가의 국토 면적

(단위:평방 킬로미터)

최동단인 흑룡강와 오소리강이 만나는 곳에서부터 최서단인 파미르 고원까지가 대략 5,200km, 최북단인 흑룡강성 막하에서 최남단인 남사군도의 증모암사까지가 대략 5,500km나 되는 거대한 땅이다.

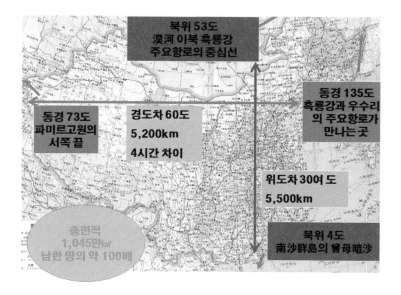

재미있는 것은 경도 15도마다 1시간의 시차가 생기므로, 중국의 동쪽과 서쪽 사이의 시차는 4시간 정도가 되지만 중국은 북경시로 표준을 삼기 때문에, 수치적으로는 중국 전역이 동일한 시간을 사용하고 있다는 점이다.

즉 동부의 학생들이 9시에 등교를 할 때 서부의 학생들은 새벽 5시에 등교를 하는 셈이다. 물론 지역마다 이러한 사정을 감안하여 시간을 조정하긴 하지만 불편함이 전혀 없지는 않다. 하지만 중국 정부는 만일 지금 지역마다 경도를 근거로 시간을 달리하면 전체 중국에 혼동에 빠질 것을 염려하여 여전히 북경 시간을 표준으로 전국을 단일 시간제로 운영하고 있다.

중국은 영해도 300만km^2로 상당히 넓은데, 발해(渤海), 황해

(黃海), 동해(東海), 남해(南海)의 4대 해양이 있다. 요동반도와 산동반도를 포함한 중국의 내해(內海)인 발해는 평균 깊이가 18m이다.

산동반도에서 장강입구까지의 바다인 황해는 평균 깊이 44m이다. 장강 입구에서 대만 해협까지의 해면을 동해라 부르는데 평균 깊이는 370m이고, 대만해협 이남인 남해의 평균 깊이는 1,212m로 제일 수심이 깊다.

또한 중국은 6,536개의 섬이 동해와 남해 해상에 산재해 있는데, 이 중에서도 대만의 면적이 제일 크고 다음이 해남도(海南島)와 상해 부근의 숭명도(崇明島)이다.

그렇다면 이렇게 넓은 중국의 중심은 어디일까?

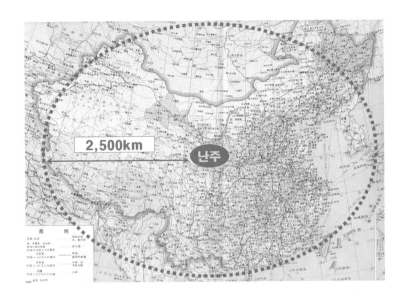

중국 대륙의 중심은 감숙성 난주(蘭州) 부근이다. 즉 난주를 중심으로 원을 그리면 반지름이 2,500km인 큰 원이 그려지는데, 이 원안에서 중국의 영토가 포함된다.

3. 남북으로 긴 나라의 문화 특징

땅이 넓으니, 특히 남북으로 5,200km나 되니 기후 역시 다양하다. 저 북쪽은 한대에 속하고 남쪽 지역은 아열대에 속한다. 우리나라는 가장 더운 대구의 날씨도 서울과 비교할 때 불과 5도 정도 차이가 나지만, 중국은 최북단이 영하 20도일 때 최남단은 영상 30도에 육박하는 더운 날씨인 것이다.

그러나 보니 이러한 땅덩이에 사는 사람들이 만들어낸 문화 역시 매우 다양하다. 해안가에 사는 사람들과 깊은 산속에 사는 사람들의 문화가 다르고, 추운 지역에 사는 사람들과 더운 곳에 사는 사람들이 만들어낸 문화 역시 다를 수밖에 없다.

그러다보니 우리는 중국의 문화를 언급할 때 자주 북방문화, 남방문화로 구분하여 얘기한다.

즉 중국이라는 하드웨어가 가지고 있는 지리적인 차이는 소프트웨어에 속하는 중국의 문화적 요소에도 큰 영향을 주게 된다.

우선 중국의 실력있는 정치집단은 주로 북방에서 나왔다. 따라서 수도는 주로 북방에 위치하였고, 중국의 병합과 통일을 위한 전쟁도 주로 북방지역에서 많이 이루어졌다.

반면 남방은 물산이 풍부하고 기후가 온화하여 경제가 발전할 수 있는 토대가 되었다. 남방 사람들은 말투가 비교적 완곡한 반면, 북방 사람들은 솔직하고 직설적인 편이다.

또한 남방은 주로 쌀을 주식으로 하지만 북방을 쌀농사가 힘들었기 때문에 대신 밀을 주식으로 한다. 남방 사람들은 단 음식을 좋아하지만 북방 사람들은 짠 음식을 좋아한다.

남방의 건축물은 개방적인데 비하여 북방의 건축물은 폐쇄적이다. 남방은 경제가 발단한 반면 북방은 정치문화가 발달하였다.

그렇다면 중국의 북방과 남방을 가르는 경계선은 어디일까? 위의 지도에서 가로로 그어진 선이 바로 남방과 북방을 구분하는 경계선이다. 즉 중국의 남북 분계선은 진령(秦嶺)과, 남방의 장강과 북방의 황하 사이를 흐르는 회하(淮河)이다. 이 남북 분계선은 중국 대륙을 가르는 중요한 경계가 되는데, 남방과 북방의 기후 차이, 농업 생산물의 차이, 남방인과 북방인의 문화적인 차이가 여기에서 생겨나게 된다. 결국 지리적인 요인이 풍속 습관이나 문화적 요소를 지배할 수 있다는 점을 보여주고 있다.

그렇다면 무엇을 기준으로 남방과 북방을 구분하였을까? 가장 기본적인 정답은 전통적인 방식으로 벼농사가 가능한가

의 여부이다. 즉 가로 선이 이북의 북방에서는 예로부터 겨울
이 길고 추웠고, 강수량도 부족하여 전통적인 방법으로는 벼농
사가 불가능했다. 따라서 북방에서는 벼 대신 밀 농사를 지었
고, 주식 역시 쌀이 아니라 밀가루였다.

반면 남방은 벼농사가 가능했을 뿐만 아니라 2모작, 3모작
도 가능했기 때문에, 자연스레 주식은 쌀이었고, 쌀로 만든 국
수, 즉 쌀국수도 먹으며 지냈다.

그래서 우리가 짧은 기간 동안 중국의 어느 한 지역만을 보
고, 중국은 이렇다, 저렇다 이렇게 섣불리 판단하는 것은 잘못
된 것이다. 중국의 전체를 보고, 그들의 문화 전반에 대한 이해
가 있어야 우리는 중국이란 나라를, 중국 사람들을 잘 이해할
수 있다.

4. 큰 나라의 문화적 특징

중국은 내륙으로 약 22,800km에 달하는 국경선에 15개 국
가와 국경을 접하고 있다. 세계에서 이런 나라를 찾아보기 힘
이 드는데, 이는 그만큼 중국의 면적이 넓다는 것을 의미한다.

중국 동쪽으로는 북한이 있고, 동북쪽과 북서쪽으로는 러시
아, 몽고, 카자흐스탄, 키르기스스탄, 타지키스탄과 접경하고
있다. 서쪽으로는 아프가니스탄, 파키스탄, 인도, 네팔, 부탄이

있고, 남쪽으로 미얀마, 라오니, 베트남과 국경을 접하고 있다.

이렇게 많은 나라들과 국경을 맞대고 있다는 것은 중국의 사회와 문화에 많은 영향을 준다. 예를 들어 미얀마와 국경을 접하고 있는 운남성 일대에서는 미얀마와 많은 인적, 물적 교류를 한다. 따라서 운남성 일대에서는 미얀마의 문화를 엿볼 수 있으며, 반대로 미얀마에서는 중국 운남성의 문화를 느낄 수 있다.

이렇게 국경을 맞대고 많은 교류를 하기 때문에, 넓고 긴 국경에서는 끊임없이 다른 국가, 다른 문화와의 교류가 이루어지고 있는 것이다.

이런 과정을 통해 타문화를 중국으로 받아들이고, 또한 중국의 문화를 타문화권에 전파한다. 보다 중요한 것은 이렇게 받아들인 타문화의 우수한 점들이 중국의 내륙으로 흘러들어 중국 고유의 문화와 융합, 발전된다는 사실이다.

따라서 중국 문화를 한마디로 요약하자면, '다양성'이 될 것이다.

● 귤이 회수를 건너면 탱자가 된다?

흔히 문화수용의 양상을 논할 때 '귤이 회수를 건너면 탱자가 된다'는 얘기를 한다. 이 얘기는 어느 한 나라의 문화가 다른 나라로 유입되는 과정에서 원래의 형태와는 다른 형태로 변한다는 것을 의미한다.

원래 이 말은 전국시대 제나라와 초나라의 역사고사에서 비롯된 것이다. 당시 제나라와 초나라는 전국칠웅 가운데 국가의 세력이 강성한 두 나라였고, 사이가 그다지 좋지는 않았다. 어느 날 제나라에서 초나라로 사신을 보냈는데, 왜소하고 초라한 외모의 사신을 보내자 초나라 왕은 이를 비웃으며 "제나라에 인물이 없나보다, 어떻게 당신처럼 초라한 사람을 국가를 대표하는 사신으로 보냈느냐?"며 비웃었다. 이에 제나라의 사신은 "제나라에 훌륭한 인물이 많으나, 초나라에 사신을 보낼 때는 초나라에 걸맞는 인물을 사신으로 보낸다"라고 받아쳤다. 이후 몇 년 후에 제나라는 다시 이 사신을 초나라에 보낸다. 초

27

나라 왕은 마침 제나라 출신의 도둑을 잡아 그 사신에게 보여주며 "제나라 사람은 다 도둑놈이냐?"라고 비웃었다. 이에 제나라 사신은 "그 도둑은 제나라에 있을 때는 원래 선량한 사람이었는데, 초나라에 와서 나쁜 사람이 되었다"라고 받아치며, "귤이 회수를 건너면 탱자가 된다"고 말했다. 즉 제나라의 선량한 사람이 회수를 건너 초나라에 왔더니, 나쁜 사람으로 변했다는 의미였다.

5. 중국의 지형

중국 대륙의 구조는 유라시아 대륙판이 동쪽 또는 남쪽으로의 이동 중에 태평양과 접촉하여 생긴 것이라고 한다. 또한 중국 남서부는 북쪽으로 이동하는 인도양 판과 접촉한 것으로 보인다. 중국은 지형학적으로 크게 동부와 서부로 구분되는데, 두 지역 모두 지질구조는 과거 지질 환경과 지각 구조 운동이 다양하게 나타난 결과이며, 이로써 현재 경관이 다양하고 광물 자원 종류도 광범위하게 되었다.

광활한 중국의 영토는 천차만별의 다양한 대자연의 모습을 보이고 있다. 고산과 빙천이 있는가 하면, 사막과 평원, 호수와 삼림 등 온갖 유형의 지형을 고루 갖추고 있다.

특히 전체 면적의 2/3가 산지와 구릉, 고원으로 이루어져 있어서 토지 이용에는 다소간에 한계가 있다. 더욱이 고도 500m 이하의 땅은 전 국토의 25%에 불과하고, 3,000m 이상의 땅이 25%를 차지할 정도로 해발이 높고 지형이 험하다.

중국의 지형은 서고동서삼급계(西高東低三級階), 즉 서쪽이 높고 동쪽이 낮으며, 전체적으로 보면 크게 네 개의 계단으로 되어 있다.

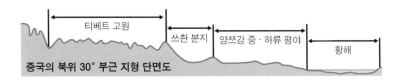

첫 계단은 해발 4,000m 이상의 청장고원이고, 두 번째 계단은 해발 2,000에서 1,000m의 고원과 분지, 즉 내몽고 고원, 황토고원, 운귀고원 등이 해당된다.

세 번째 계단은 고도 500m 미만의 구릉이 있는 동북평원, 화북평원 등과 장강 중하류의 평원이 해당되며, 마지막 네 번째 계단은 수심이 대체로 200m 미만인 대륙붕으로 구성되어 있다.

따라서 중국을 흐르는 대부분의 강은 서쪽에서 동쪽으로 흐르며, 이같은 사실은 중국의 문화에도 큰 영향을 미쳤다. 즉 예로부터 중국은 서쪽에서 동쪽으로 이동하는 것은 큰 강을 따라 쉽게 이동하였으므로, 동방과 서방의 문화교류는 활발하였다.

반면 북방에서 남방으로 이동하는 것은 높은 산맥과 분지, 큰
강을 건너야 했으므로 매우 어려웠고, 그 결과 북방과 남방의
문화는 서로 섞이지 않고 나름의 고유의 문화를 발전시켜 왔다.
그래서 중국의 문화는 크게 북방문화와 남방문화로 구분한다.

　또한 중국은 서쪽이 높고 동쪽이 낮은 지형적 특징으로 인
해, 태평양의 따뜻하고 습윤한 기류의 영향을 받아들이는데 유
리하며, 하천들이 동쪽으로 흘러 연해지방과 내륙지방의 연계
를 도와준다. 계단식 지세로 인해 큰 하천들이 지형 분계점에
서 커다란 낙차를 형성하여 풍부한 수력자원을 제공해준다. 또
한 중국은 동쪽으로 바다에 접해 있어 해운에 매우 유리하며,
이 점은 국제 문화 교류를 전개하고 개방형 경제를 발전시키는
데 중요한 장점이 된다.

2장

중국의 자연환경

  땅이 넓은 만큼 많은 산맥, 고원, 분지, 평원, 사막, 강, 호수, 산이 있다. 중국의 자연환경에 대한 이해는 우선 중국 안에서는 문화적 특성을 파악하는데 큰 도움이 된다. 아래에서 주요 자연 환경에 대해서 살펴보자.

1. 중국의 산맥

1) 천산산맥(天山山脈)
서쪽 카자흐스탄에서 시작되어 동쪽으로 신강위구르자치구

중부를 가로로 관통하고 있다. 평균 해발 3,000~5,000m로, 산맥의 전체 길이는 2,500km이다.

산꼭대기에 쌓여 있는 만년설은 수려한 경관을 자랑한다. 천산의 만년설이 조금씩 녹아 흘러내리는 물은 메마른 서쪽 사막 초원지역의 오아시스 역할을 한다. 백두산의 천지와 함께 언급되는 신강 천산의 천지(天池)가 유명하다.

2) 곤륜산맥(昆侖山脈)

서쪽의 파미르 고원에서 시작하여 신강, 티베트, 청해성을 관통하여 사천성의 사천분지까지 약 2,500km에 달하는 '아시아의 등뼈'이다. 평균 해발 5,500~6,000m로 중국에서 빙하가 가장 많은 산이다.

3) 진령산맥(秦嶺山脈)

총길이 1,500km로, 중국의 한가운데에 가로누워 있는 형상이어서, 중국의 남북을 나누는 지리분계선이 된다. 아열대와 난온대의 경계선이고 습윤지구와 반습윤지구의 경계선이며, 또 황하와 장강의 분수계이기도 하다. 평균 해발은 2,000~3,000m인데, 남북이 비대칭으로 북쪽이 가파롭고 남쪽이 완만하다.

4) 대흥안령산맥(大興安嶺山脈)

중국의 동북 지역에 위치하고, 중국 전체 지형으로 볼 때는 제2단계에 해당하는 높이이다. 평균 해발 1,500m정도로, 서쪽이 완만하고 동쪽이 가파롭다.

5) 태항산맥(太行山脈)

평균 해발 1,500~2,000m로, 산동성과 산서성을 가르는 경계가 되어 동서의 지형 구분점이 된다.

6) 기련산맥(祁連山脈)

남산(南山)으로 불리기도 하는데, 흉노어로 기련산은 '천산'(天山)의 뜻이다. 평균 해발 4,000m로, 감숙성 지역에 위치하여 청해성과의 경계를 이룬다.

7) 히말라야산맥(喜馬拉雅山脈)

히말라야산맥은 청장고원의 남쪽 끝에 위치하며, 서쪽 파미르고원에서 시작하여 동쪽 브라마푸트라강까지 이른다. 평균 해발 6,000m인 히말라야는 티베트어로 '얼음과 눈의 마을'이라는 뜻이다. 최고봉은 에베레스트봉으로 일컬어지는 주목랑마봉(珠穆朗瑪峰)인데, 산의 높이는 그동안 8,848m로 알려져왔으나, 2005년 5월 중국 국가측량국의 측정 결과 산 정상 위의 얼음층 두께가 3.5m인 것으로 드러나, 8,844m로 바꾸기로 결정하였다.

2. 중국의 4대 고원

대표적인 고원으로 청장고원(靑藏高原), 내몽고고원(內蒙古高原), 황토고원(黃土高原), 운귀고원(雲貴高原)이 있는데, 이를 4대 고원이라 부른다.

1) 청장고원

평균 해발 4,000m 이상으로, 세계 최고의 고원이다. 과거 1억 년 전에는 바다였는데, 수백만 년 전에 아시아-유럽 지판과 인도 지판이 부딪쳐 지각이 강렬하게 융기되었다. 청장고원의 산줄기 사이에는 아름다운 목초지와 많은 분지들이 조성되어 있으며, 지세가 높고 기후가 한랭하기 때문에 이곳의 농작물과 가축들은 모두 내한성을 갖추고 있다. 여기에서 재배되는 주요 농작물은 쌀보리이고, 야크는 이곳 유목민들의 중요한 교통수단으로 고원의 배(高原之舟)라고 불린다.

2) 내몽고고원

중국의 북부에 위치하고, 평균 해발 1,000~1,500m이다. 중국에서 두 번째로 넓은 고원이다. 파릇파릇한 초원 외에 모래바람이 날리는 사막도 있어, 천연 목장과 사막이 함께 하는 지역이다. 이 지역의 장가구(張家口)는 북경의 북쪽을 향해 모래바람을 날려, 봄철 황사의 주범이 된다.

3) 황토고원

내몽고고원 남쪽에 위치한, 중국에서 세 번째의 넓은 고원이다. 만리장성의 남쪽과 진령(秦嶺)의 북쪽에 위치하여, 중국 황하 문명의 발상지이다. 황토가 넓고 두텁게 분포되어 있고, 오랜 세월 동안 빗물에 황토가 유실되어 수많은 골짜기가 형성되기도 하였다.

4) 운귀고원

중국의 서남부 지역인 운남성과 귀주성에 주로 분포하는데, 서북쪽은 높고 동남쪽은 낮다. 비옥한 평야지대가 펼쳐지기도 하고, 광범위한 카르스트 지형도 존재한다.

3. 중국의 5대 분지

중국에는 타림(塔里木)분지, 중가리아(準噶爾)분지, 차이담(柴達木)분지, 사천(四川)분지, 투루판(吐魯番)분지의 5대 분지가 있다.

이 중 사천분지를 제외한 나머지 4개 분지는 모두 중국 서북 내륙에 분포되어 있고, 분지 가운데 대면적의 고비사막이 분포하고 있다.

1) 타림분지

중국 서북 내륙 신강위구르 자치구 남부에 위치한다. 중국뿐만 아니라 세계에서 면적이 제일 넓은 내륙 분지로, 각종 금속, 석유, 천연가스 등이 풍부하여 '기름의 바다'라는 별칭을 가지고 있기도 하다.

타림분지 내에 있는 타클라마칸(塔克拉瑪干)사막은 중국에서 가장 큰 사막이다.

2) 사천분지

사천분지는 청장고원의 동쪽, 무산산맥의 서쪽, 운귀고원의 북쪽에 자리잡고 있다. 사천성의 동부에 해당하고, 사천분지에는 유명한 성도평원(成都平原)이 있다.

습윤지역에 자리잡고 있기 때문에 강력한 유수침식작용을 받아 분지 내의 지형은 구릉모양으로 되어 있다. 산 위와 산아래, 돌이나 흙 모두 자홍색을 띠고 있어서 '자색 분지'로 불린다.
다른 분지 지역과 달리 사천분지는 중국 대륙 한복판에 있다
는 점이 특이하다.

3) 투루판 분지

신강위구르 자치구에 위치한 중국에서 해발 고도가 가장 낮
은 지역으로, 아이딩(艾丁)호는 호수면이 해면(海面)보다 154m
나 낮다.
'투루판'이란 이름은 위구르어로 '움푹 패인 땅'이란 뜻으로,
세계에서 사해 다음으로 가장 낮은 땅이다.
최근 중국 정부에서는 투루판 분지의 고온다습한 기후를 활

용하여 대규모 포도농장을 설립하였는데 당도가 매우 높아 세
계 여러 나라로 많은 수출을 하고 있다. 또한 투루판 분지의 포
도로 제조한 포도주 역시 세계적으로 명성을 떨치고 있다.

4. 중국의 3대 평원

중국의 평원은 주로 지세의 제3계단에 집중되어 있는데, 주
요 평원으로는 동북(東北)평원, 화북(華北)평원, 장강중하류(長江
中下流)평원을 들 수 있다.

1) 동북평원

소흥안령(小興安嶺)과 장백산(長白山) 사이에 위치한 중국 최
대의 평원이다. 흑룡강성, 길림성, 요녕성, 내몽고자치구에 걸
쳐 있는데, 기름진 질 좋은 토양으로 중국의 가장 중요한 식량
생산지이다. 지하에는 석탄과 석유 등 지하자원이 풍부한데,
대경(大慶)유전도 이 동북평원 북쪽에 위치한다.

2) 화북평원

화북평원은 태항(太行)산맥의 동쪽, 연산(燕山)산맥의 남쪽,
회하(淮河) 부근에 펼쳐진다. 대부분 해발 50m 이하로 지세가
평탄하여 끝이 안보일 정도로 넓게 분포한다. 하북성, 산동성,

하남성, 북경, 천진을 거치고 있는데, 황하, 회하, 해하(海河) 세 개의 큰 강에서 흘러운 흙이 바다를 메워 만들어진 전형적인 충적평원으로 '황회해(黃淮海)평원'이라고도 한다. 중국 고대 문명의 발상지이다.

3) 장강중하류평원

장강과 그 지류에 형성된 평원이다. 호북성, 호남성, 강서성, 안휘성, 강소성, 절강성, 상해시에 걸쳐 있다. 지세가 낮고 평형하며 하천들이 밀집되어 있는데, 물고기와 쌀이 많이 생산되어 '어미지향(魚米之鄕)'으로 불리기도 한다.

5. 중국의 사막

중국의 서북 및 서남 지역은 고온 건조한 기후 때문에 사막지대가 넓게 형성되어 있다. 중국의 주요 사막으로는 고비(戈壁)사막과 타클라마칸(塔克拉瑪干)사막을 들 수 있다.

1) 고비사막

중국의 국경을 따라 약 5,000km에 달하는 사막으로 중국의 내몽고 자치구와 몽골의 국경지대에 위치해 있다.

몽고어로 '초목이 살기 어려운 땅'이라는 뜻일 정도로, 건조

하고 척박한 땅이다.

사하라 사막처럼 생명이 없는 곳이 아니라 수많은 희귀동물
의 서식처로 알려져 있다. 따라서 고비사막은 세계 최대의 동
물 보호구역인 동시에 공룡 화석의 보고로 인정되고 있다.

2) 타클라마칸사막

신강위구르 자치구 타림
분지 안에 위치한 사막으로
실크로드의 경유지이기도
하다. '타클라마칸'이란 이름
은 위구르 말로 '한번 들어가
면 나오지 못하는 땅'이란 의

미이다. 왜 이러한 이름이 붙혀졌을까?

이는 실크로드와 밀접한 관련이 있다. 실크로드를 따라 서역으로 가기 위해서는 타클라마칸 사막을 횡단해야 했는데, 수많은 상인들이 이 사막을 횡단하다가 변고를 당하여 고국으로 돌아오지 못했다. 하여 이러한 명칭이 붙여진 것이다. 중국 최대의 사막으로 중국 사막의 52%에 해당된다.

6. 중국의 강

중국의 강은 남방을 대표하는 장강(長江)과 북방을 대표하는 황하(黃河)로 대표된다. 여기에 흑룡강(黑龍江)과 주강(珠江)을 포함하여 현재 4대 강으로 언급된다.

1) 장강

중국의 남방 문화를 대표하는 강이다. 전체 길이가 6,300km로 나일강과 아마존강에 이어 세계에서 세 번째로 긴 강이면서 중국에서 가장 긴 강이다.

장강은 청해성 청장고원의 탕굴라(唐古拉)산맥에서 발원하여 청해, 서장, 사천, 운남, 중경, 호북, 호남, 강서, 안휘, 강소, 상해 등 11개의 성, 시, 자치구를 거쳐 최종적으로 동해로 유입된다. 여기서 한 가지 살펴야 할 것은 장강이란 명칭보다 우리나라에는 양자강이란 명칭이 더 친숙하다는 점이다. 왜 그럴까?

지금은 이 강의 이름이 정식으로 장강이 되었으나, 예전에는 이 강의 워낙 길다보니 각 지역마다 이 강을 부르는 명칭이 달랐다. 산동성 양주(揚州)지역은 우리의 고려 시대 때 해상 무역이 매우 발달했던 도시로, 많은 고려 사람들도 양주로 와서 물건 사고 팔았다. 이때 양주지역 사람들은 자기들 마을을 흘러가는 이 강을 자기 지역의 '양'자를 넣어서 '양자강'이라고 불렀고, 이 명칭이 양주를 오가던 고려 사람들에 의하여 우리나라로 전해진 것이다. 따라서 우리 나라의 고문헌에는 장강이란 명칭보다 양자강이라는 명칭이 더 많이 보인다.

장강의 중하류 지역은 기온이 온난다습하고 토지가 비옥하여 생산물자가 풍부하고 경제가 발달하였다. 중경, 무한, 남경, 상해 등 대도시가 이곳에 집중되어 있다.

한 가지 아쉬운 점은 예전에는 유유히 흘러가는 장강을 따라 며칠씩 유람선을 타며 여행하는 '장장삼협' 코스가 인기였는데, 21세기 이후 삼협댐의 완공으로 이러한 유람선 코스가 사라졌다는 점이다.

2) 황하

중국에서 두 번째 긴 강으로, 길이 5,464km이다. 황하 지역은 중국 고대 문명의 발상지이고, 북방 문화를 상징한다.

청해성에서 발원하여 청해, 사천, 감숙, 영하, 내몽고, 산서, 섬서, 하남, 산동 등 9개의 성과 지역을 거쳐 최종적으로 발해(渤海)에 유입된다. 그 흐름을 따라 지도를 그리면, 마치 '幾'자의 모양처럼 보인다. 황하의 물은 진

갈색의 황토물인데, 황토고원에서 내려온 진흙이 강물에 유입되어 황토 강물을 만들어 낸다.

일부 사람들은 중국에서 가장 긴 강이 황하라고 잘못 알고 있는 경우가 많은데, 이는 아마도 '황하문명'으로 시작된 중국 문명이 널리 알려지면서 황하가 중국을 대표하는 강으로 인식되었기 때문일 것이다.

황하를 건널 때 타던 양내장으로 만든 전통적인 배

3) 흑룡강

중국의 최북단에 위치한 흑룡강은 길이 3,420km로 중국에서 세 번째 큰 강으로, 몽고와 내몽고자치구에서 발원하여 최종적으로는 오호츠크해로 흘러들어간다. 중국과 러시아의 경계선이 되기도 한다.

강물이 짙은 흑갈색을 띠고 있는데, 이 지역 사람들은 예전에 검은 용이 이 지역에 살다가 강 속으로 들어갔다는 전설을 믿는다. 따라서 이 강의 이름을 검은 용, 즉 黑龍이라고 붙이게 되었다.

4) 주강

중국 남부에 위치한 주강은 길이가 2,197km이고, 운남, 귀주, 광서, 광동을 거쳐 최종적으로 남해에 유입된다. 주강은 수량이 풍부하여 제2의 장강이라 불리며, 특히 주강 삼각주가 발달되고 토지가 비옥하여 각종 농산물의 중요 생산지이다.

1990년대 초에 중국이 경제 개혁개방을 시작할 때 바로 이 주강 유역, 즉 주강 삼각주를 중심으로 처음으로

외자를 유치하기 시작했다. 따라서 오늘날 주강은 중국인들에게 중국의 경제성장을 상징하기도 한다.

7. 중국의 호수

중국에는 면적 1km^2 이상이 되는 호수가 2,800개 정도 있다. 담수호(淡水湖) 중에서는 파양호(鄱陽湖)와 동정호(洞庭湖)가 유명하고, 함수호(鹹水湖)로는 청해호(青海湖)가 제일 크다.

1) 청해호

청해성 동북부에 위치하고 있는 중국 최대의 염호이자 중국 최대의 호수이다.

'청해'라는 명칭은 몽고어와 티베트어로 '푸른 바다'라는 뜻이다.

2) 파양호

강서성 여산의 근처에 있는 파양호는 면적 3,583km^2인 중국 최대의 담수호로 장강으로 흘러들어 간다. 현재는 호숫가에 철새관망대를 설치하여 철새관람의 명소로 각광받고 있다.

3) 동정호

중국에서 두 번째로 큰
담수호이다. 호남성 북
부에 위치하며 호북성과
호남성의 경계가 되기도
한다. 역대 중국의 유명
한 문인들이 들려 '등악

양루'라는 시를 지었던 악양루(岳陽樓)가 바로 동정호에 위치해
있다.

원래는 중국에서 가장 큰 담수호였으나 진흙과 모래가 장기
간 쌓이면서 호수 면적이 현재는 원래의 절반 가까이로 줄어들
었다.

악양루(岳陽樓)

동정호는 너무 넓어서 고깃배들이 고기를 잡다가
기름이 떨어지면 호수에서 주유를 할 수 있는 수상
주유소가 있다.

8. 중국의 5대 명산

　중국의 역대 황제들은 1년에 수차례 하늘신에게 제사를 지냈다. 하늘신에게 제사를 지내기 위하여 가능하면 하늘과 가까운 곳, 즉 높은 산의 정상에 올려 제사를 지냈는데, 이를 봉선(封禪)이라고 한다.

　황제가 하늘신에게 제사를 지내는 산인 만큼, 아무 산이나 오를 수는 없었다. 이에 수천 년의 시간 동안 중국에서는 중국의 수많은 산 중에서 산세가 훌륭하고 산기가 출중한 다섯 개의 산을 골라 동, 서, 남, 북, 중앙의 오악(五嶽)을 정했다.

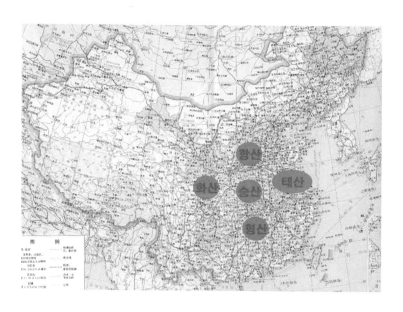

1) 태산(泰山)

오악 중 동악(東岳)인 태산은 산동성 중부에 위치하며, 해발 1,545m의 그리 높지 않은 산이다. 하지만 오악 중에서 가장 많은 황제가 올라 봉선을 지낸 유명한 산이다.

五岳之長, 五岳之首, 五岳獨尊이라는 별칭을 지닌 태산은 오악 중에서 우리에게 가장 친숙한 명산이다. 왜냐하면 공자가 바로 이 태산을 자주 언급했기 때문이다. 즉 공자의 고향은 태산의 서쪽에 위치한 노나라였는데, 공자는 태산 동쪽에 있던 제나라에서 유학을 했다. 따라서 공자는 태산을 자주 지나갔으며, 산을 이용하여 비유를 할 때는 매번 태산을 언급했다. 유가의 사상을 받아들인 우리 나라는 공자가 자주 언급한 태산이 가장 친밀할 수밖에 없었던 것이다. 지리적으로도 다른 네 개의 산보다 산동성에 위치한 태산이 가장 가까웠으므로 많은 우리의 조상들은 오악 중에서도 태산을 가장 많이 다녀갔다.

2) 화산(華山)

오악 중 서악(西嶽)인 화산은 섬서성에 위치한다. 오악 중에서 가장 험준한 화산은 그래서 '기험천하제일산'이라는 별칭을 가지고 있다.

예전에는 화산 북봉에 케이블카가 있어서 사람들이 주로 북봉을 올랐으나, 최근에 남봉에도 케이블카가 설치되어서 요즘은 남봉으로도 많이 오른다.

다섯 개의 봉우리로 이루어져 있는데, 하늘에서 보면 마치 연꽃 모양과 같다고 한다.

3) 형산(衡山)

오악 중 남악인 형산은 호남성 중부에 위치한다. '하늘과 별자리는 평형이 있다'라는 의미에서 형산이라는 명칭이 붙었다.

4) 항산(恒山)

오악 중 북악인 항산은 산서성 동북부에 위치한다.

5) 숭산(嵩山)

오악 중 중악인 숭산은 하남성 정주 부근에 있다. 72개 봉우리로 이루어져 있으며, 중국 선종 불교의 발원지답게 우리에게 친숙한 소림사(少林寺)를 비롯한 72개 사찰이 위치하고 있다.

다만 아쉬운 점은 소림사의 무술이 워낙 유명하다보니 숭산을 둘러싸고 많은 대규모 무술학교들이 세워졌다는 점이다. 무

술학교 설립 자체는 문제가 없으나 이들 학교들의 시멘트 건물들이 숭산의 아름다운 경치를 훼손했다는 점이 문제다.

9. 중국의 4대 불교 명산

수천 년간 중국 사람들의 의식을 지배해온 대표적인 종교는
불교, 유교, 도교이다. 이 중 유교는 유가 사상을 종교로 승화
시킨 것이므로 불교, 도교와는 그 성격이 조금 다르다. 요즘도
중국의 많은 사람들은 불교를 믿으며, 명산을 찾아 직접 불공
을 드린다.

수많은 중국의 명산 가운데 4대 불교 명산으로 꼽히는 산은
안휘성의 구화산, 절강성의 보타산, 사천성의 아미산, 산서성
의 오대산이다.

이 가운데 가장 많은 중국인들이 찾는 불교 명산은 사천성의 아미산이다. 아미산은 해발 3,099m의 높은 산으로, 불교 명산으로도 이름나 있지만 아름다운 경관으로도 유명한 산이다.

특히 아미산의 3대 풍광, 즉 일출, 운해, 불광은 세계적으로도 유명하다. 많은 여행가들이 이미 아미산의 일출을 세계에서 가장 아름다운 일출이라고 칭송한 바 있고, 아미산 정상까지 가득 올라오는 안개는 마치 구름바다와 같다고 하여 '운해(雲海)'라 불리운다. 불심이 지극한 사람이 떠오르는 태양을 등지고 서면 머리 주위에 무지개가 뜬다고 하며 이를 불광이라고 부른다.

무엇보다 아미산 정상에 세워진 금정(金頂)은 아름답기가 중국에서 최고라고 할 정도로 자연과 조화된 그림 같은 자태를 자랑한다.

10. 중국 도교의 발상지 - 청성산

사천성에 위치한 청성산은 중
국 도교의 발상지로 유명하다.
지금도 많은 도교의 도사들이
청성산에서 수도를 하며, 도교
연마에 힘쓰고 있다.

도교의 사상을 보여주듯이 청
성산의 풍광은 다른 산들과 달
리 매우 몽환적인 것으로도 유
명하다.

청성산은 중국 문화에서 당나
라의 시선 이백(李白)과도 밀접
한 관계가 있다. 이백의 시격은 한 글자 한 글자 정성껏 글자를
맞추는 방식이 아니라 일필휘지(一筆揮之), 즉 붓을 한번 들어
한 편의 시를 한번에 완성하는 방식이며, 시풍은 매우 낭만적
이고 자유롭다.

이백이 이러한 풍격을 갖추게 된 배경에 바로 청성산이 있다.
즉 이백의 부친은 매우 큰 거상이었고, 어린 이백을 청성산에
맡겨 키웠다. 어릴 적부터 청성산을 뛰놀며 많은 도교의 도사들
과 교류했던 이백의 사상은 자연스레 도교의 영향을 받았다.

11. 자연환경의 극복 - 경항(京杭)대운하

운하(運河)는 교통이 원활하지 못했던 시절에, 이미 있는 짧고 작은 하천들을 인위적으로 서로 연결하여 수로를 만들어 물자 수송을 용이하게 해주었던 인공하천이다.

중국 대부분의 하천이 서쪽에서 동쪽으로 흐르기 때문에 동서로의 운반은 편리했지만, 남북의 교통은 쉽지 않았다.

기원전 5세기, 즉 춘추전국시기 말기에 오나라가 제나라를 정벌하기 위하여 장강과 회하 사이에 수로를 뚫었는데, 이 수로가 바로 대운하의 시초라고 할 수 있다.

수나라 양제(煬帝)는 남북의 교통 및 운수에 커다란 변화를 주기 위하여 기존에 있던 운하들을 연결하는 대공사를 시작하였고, 세계에서 최초로, 또한 세계에서 가장 긴 운하인 경항대운하를 완성하였다.

'경항'이란 북경과 항주의 첫 글자로, 대운하가 북경에서부터 항주까지 이어졌기 때문에 이러한 이름이 붙여졌다.

북경, 천진, 하북, 산동, 강소, 절

강 등 6개의 성과 도시를 지나는 이 대운하는 기존의 해하(海河), 황하, 회하, 장강, 전당강(錢塘江) 등 5개의 강을 연결하여 총 길이가 1,782km에 이르는 남북물류의 대동맥이 되었다.

비록 수나라는 대운하 사업에 너무 많은 재정과 인력을 사용하여 국력이 급격히 떨어져 얼마 버티지 못하고 멸망하였으나, 수나라를 이어 왕조를 시작한 당나라는 수나라때 완공된 경항대운하를 바탕삼아 중국 최고의 문화의 꽃을 피우게 된다.

즉 대운하를 따라 많은 인적, 물적 교류가 시작되었고, 이에 북방의 문화와 남방의 문화가 서로 교류되면서 서로의 좋은 점, 우수한 점이 융합되기 시작한 것이다.

12. 지구 최대의 건축물 - 만리장성

미국의 달 탐사선이 지구로 돌아온 후, 우주인은 "달나라에서 보니 중국의 만리장성만 보이더라"라는 말을 한 적이 있다. 이후 만리장성은 Great Wall이라 불리며 달나라에서 보이는 유일한 세계 최대의 건축물이라는 명예로운 별칭을 얻게 되었다.

하지만 21세기 들어 중국의 항공우주과학이 발달했고, 중국에서도 유인 우주선이 달나라 탐사를 성공하였다. 지구로 돌아온 우주인은 인터뷰에서 첫 마디로 "달나라에서 보니 만리장성이 보이지 않더라"라고 하였다.

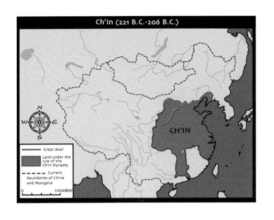

이 인터뷰는 그동안 중국의 과학 수준이 미국보다 떨어져 미국의 거짓말에 속아 왔지만, 이제는 더 이상 속지 않겠다는 선전포고였다. 미국의 백악관이 긴장하였다는 후문이다.

위의 지도는 중국 진(秦)나라 때의 지도이다. 진나라 북쪽 경계선에 파란색 선이 등장한다. 이것이 바로 만리장성이다.

만리장성은 진시황이 만들었다고 일반적으로 알려져 있으나 사실 진시황 이전에 이미 구간 구간 짧은 장성들이 존재하였다. 다만 진시황은 이들 장성들을 연결시키고 튼튼하게 보수하는 대공사를 진행한 것이다.

왜 만리장성이 필요했을까? 전국시기, 가장 서쪽에 위치했던 진나라는 동방의 여섯 나라, 즉 제, 연, 초, 한, 위, 조나라에 비하여 여러모로 국력이 약했다. 하지만 진시황의 놀라운 전략과 추진력으로 차례차례 한 나라씩 점령하면서 결국은 동방의 여섯 나라를 복속시키고 중국 최초의 통일 왕조인 진나라를 세웠다.

이 과정에서 진시황이 끝까지 이루지 못한 소망이 있었는데, 그것은 북방에 위치하고 있던 흉노를 몰아내고 북방지역까지 영토를 확장하지 못한 것이었다.

흉노족은 유목민족으로 알려져 있으며, 특히 말을 타고 전투를 하는 기마병의 전투력이 매우 뛰어났다고 한다.

진시황은 이들 흉노족의 기마병이 남쪽으로 내려와 진나라를 공격할 것을 염려하여 말이 뛰어넘지 못하도록 만리장성을 축조하게 되었다.

이후 왕조를 거듭하며 만리장성은 계속하여 연장되고, 보수되었다. 오늘날 우리가 볼 수 있는 동쪽의 산해관으로부터 서쪽의 가욕관까지의 총연장 2,700km

의 만리장성은 명나라때 완성된 것이다.

산해관에서 가욕관까지의 거리는 2,700km이나 만리장성이 거의 대부분 산의 정상을 따라 구불구불 축조되었기 때문에, 만일 장성을 일직선으로 펼치게 된다면 그 길이는 6,350km에 달하게 된다.

달나라에서 보이던 보이지 안던 지구상에서 존재하는 최대의 건축물이란 점은 변하지 않을 듯 하다.

● 달나라로 간 항아

한 가지 재미있는 것은, 중국 최초로 달나라를 탐사한 우주
선의 이름이 '항하(嫦娥)'라는 점이다. 여기에는 중국의 오래된
신화 전설이 연관되어 있다.

아주 옛날에 하루에 하나씩 뜨던 태양이 갑자기 11개가 동
시에 떴다. 이에 산천의 초목은 다 타죽고, 땅은 가뭄이 들어
갈라지고, 인간들은 더위에 허덕였다. 인간들은 이 문제를 해
결하기 위하여 당시에 가장 활을 잘 쏘았던 羿(예)를 시켜 하늘
에 떠있던 11개의 태양 중에서 10개를 쏘아 떨어뜨리게 하였
다. 이를 羿射十日(예가 열 개의 태양을 쏘다) 전설이라고 한다.

하늘신은 예를 칭찬하면서 약 병 하나를 하사하였고, 예는
이 약 병을 집안에 숨겨 두었는데, 어느 날 예의 아내였던 항아
가 호기심에 이 약을 마시고 만다.

약을 마시자 갑자기 겨드랑이에서 날개가 돋아나더니 몸이
하늘로 떠올라 결국 달나라까지 날아가게 되었다. 이후 항하는
달나라에서 토끼 한 마리를 키우며 살았다는 전설이다.

즉 비록 신화이긴 하지만 중국인 가운데 최초로 달나라에 간
여인의 이름이 '항아'인 것이다. 따라서 달나라에 유인 우주선
을 발사하면서, 이 우주선의 이름을 '항아'라고 붙인 것이다.

3장

중국의 행정지리

우리나라의 지도는 마치 포효하는 한 마리의 호랑이를 연상케 한다.

반면 중국의 지도는 수탉에 비유된다. 동북지구가 닭벼슬과 닭머리, 신강 서장 지구가 닭꼬리, 대만과 해남도가

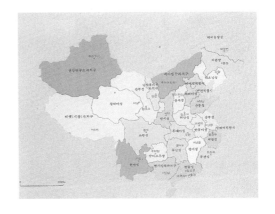

닭의 두 다리와 같은 형상을 하고 있기 때문이다.

중국을 이해하는데 있어서 공간적인 이해, 즉 지리적 이해는

필수이다. 중국의 대도시들이 어디에 위치하고, 각 성에는 어떤 도시와 문화유적지가 있는가 등에 대한 지리적 이해는 광활한 중국에 한 걸음 더 가까워질 수 있는 지름길이 될 것이다.

현재 중국은 행정구역을 크게 성(省), 현(縣), 향(鄕)의 세 단계로 구분한다. 이 중 성급은 성, 자치구, 직할시를 포함하는데, 현재 전국은 4개의 직할시와, 23개의 성, 5개의 자치구, 2개의 특별행정자치구가 있다.

23개 성에는 각각 그 성의 수도 역할을 하는 성도(省都)가 있다.

1. 4대 직할시

4개의 직할시는 북경, 상해, 천진, 중경, 이렇게 큰 네 개의 도시를 지칭하는데, 도시의 규모가 너무 커서 성에서 독립시켜 직할시로 운영하고 있다.

① 北京市 (京 : 北京)
화북평원(華北平原) 북단에 위치하며 진(秦), 한(漢) 이후 당(唐)나라 말기에 이르기까지는 동북 변방의 정치 군사상의 요충지였다.

요(遼)를 물리친 금(金)은 연경(燕京)이라고 명칭하였고, 원

(元)은 대도(大都)라고 명명하였다.

명대(明代)에는 처음에는 현재의 남경(南京)이 수도였다가 이후 1420년 영락제(永樂帝)가 이곳을 수도로 정하고 북경(北京)이라 칭하였는데, 북경이라는 명칭은 이때에 비롯되었다.

② 天津市 (津 : 天津)

북경에서 동남쪽으로 140km 떨어진 곳에 위치하며, '天津'이라는 명칭은 명 영락제(永樂帝)가 이곳에서 나룻터를 건너 출병하였다는 뜻의 천자도진(天子渡津)의 줄임말이다.

화북평원 동북부에 위치하고 있고, 동쪽으로는 발해(渤海)와 접해있다. 중국 북부지역의 주요 공업도시이며, 수도 북경의 관문이다. 최근에는 고속철의 개통으로 북경에서 35분이면 천진에 갈 수 있게 되었다.

③ 上海市 (滬 : 上海)

장강(長江)하구로, 장강이 바다로 들어가는 곳에 위치한다. 동쪽으로는 태평양 연안이고, 서쪽으로는 절강성(浙江省), 항주(杭州), 강소성(江蘇省)을 접하고 있다.

상해의 오송강(吳淞江)의 옛 명칭인 호독(滬瀆)에서 호(滬)라는 약칭이

생겨나게 되었다.

북경이 정치의 중심지라면, 상해는 경제의 중심지이다. 그래서 2000년 전의 중국을 만나려면 서안에 가고, 1000년 전의 중국을 만나려면 북경에 가고, 현재의 중국을 만나려면 상해에 가보라는 말이 있을 정도이다.

④ 重慶市 (渝 : 重慶)

1997년 중국의 네 번째 직할시로 편입되었다. 원래는 사천성에 속했었는데, 직할시로 편제되면서 인구가 약 3,000여만 명으로 늘어나, 중국에서 가장 인구가 많은 도시가 되었다.

중경을 흐르는 가릉강(嘉陵江)의 옛 명칭인 투주(渝州)에서 투(渝)로 약칭해 부르기도 한다. 사천분지(四川盆地)의 동남부에 위치하고 있는데, 시내는 구릉이 기복을 이루어 '산의 도시'라고 불린다. 여름에는 너무 더워 무한(武漢), 남경(南京)과 더불어 '3대 화로도시'로도 유명하다.

2. 23개의 성(省)

① 화북(華北)지역
河北省 (冀 : 石家莊)
황하 이북이라는 의미에서 河北省이라는 명칭이 생겨났

다. 옛날 기주(冀州) 지역이므로 기(冀)라 약칭으로 불린다.

하북 지방은 밀과 면화의 주산지이며 또한 공업 지역으로
발전하고 있고, 성도는 석가장이다.

河南省 (豫 : 鄭州)

황하 이남이라는 의미에서 河南省이라는 이름이 붙었다. 옛
날 예주(豫州)지역이므로 예(豫)라고 약칭된다.

황하 중류에 위치한 충적평야로서, 황하 문명의 발상지이다.
중국 7대 고도의 하나인 개봉(開封), 낙양(洛陽)이 있다.

山東省 (魯 : 濟南)

태항산맥(太行山脈)의 동쪽에 위치하여 山東省이라고 부른다.
춘추전국시대 노(魯)나라의 근거지였으므로, 魯로 약칭된다.

공자의 고향인 곡부(曲阜)와 맹자의 고향인 추현(鄒縣)이 있
어서, 중국 전통 사상의 원류가 흐르는 곳이라고 할 수 있다.

山西省 (晋 : 太原)

태항산맥의 서쪽에 위치하여 山西省이라고 부른다. 춘추
시대 진(晋)나라의 근거지였으므로, 진으로 약칭된다.

산서성은 황토(黃土)고원의 중앙을 차지하는데, 동쪽은 하북
성, 남쪽과 남동쪽은 하남성, 서쪽으로는 섬서성, 북쪽으로는
내몽고자치구와 경계를 이루고 있다.

성의 대부분이 평균고도 300~900m에 달하는 고원이며 산으로 둘러싸여 있는 산악지대로 땅은 척박하고 기후도 열악하다.

② 화중(華中)지역

江蘇省 (蘇/江 : 南京)

장강의 하류에 있으며, 동쪽에 바다를 접하고 있다. 옛 행정구역인 강녕부(江寧府)는 지금의 남경이고, 소주부(蘇州府)는 지금의 소주인데, 여기서 두 글자를 따서 강소성이라 불리게 되었다.

浙江省 (浙 : 杭州)

강소성의 남부에 위치하며 바다와 접해 있다. 이 성에 있는 전당강(錢塘江)을 절강(浙江)이라고도 명칭하여 절강성이 되었다.

※ 항주는 서호(西湖)가 유명한데, 항주 서쪽에 자리 잡고 있다고 하여 붙여진 이름이고, 고대 중국의 미인 서시(西施)에 비유하여 서호라는 이름이 붙었다고도 한다. 서호의 절경을 서호(西湖) 10경이라 부르는데, 중국의 유명한 시인 백거이와 소동파가 西湖를 주관하여, 백제(白堤)와 소제(蘇堤)를 만들기도 하였다.

湖北省 (鄂：武漢)

장강의 중류 지역에 있는 호수인 동정호(洞庭湖)의 북쪽에 위치하여 호북성으로 불리게 되었다. 성도인 무한을 당송 시대에 악주(鄂州)라고 불렀기 때문에 악(鄂)으로 약칭한다.

무한은 7, 8월에 기온이 40도까지 올라가 중국 3대 화로도시로 유명하다. 또한 무한에는 천하절경으로 꼽히는 명루(明樓) 중의 하나인 황학루(黃鶴樓)가 있다.

安徽省 (皖：合肥)

성내 도시의 옛날 이름인 안경부(安慶府)와 휘주부(徽州府)의 두 글자를 따서 안휘성으로 부르게 되었다. 성내에 환산(皖山)이 있어서 환(皖)으로 약칭한다.

화동지역의 남북부에 위치하고 있고, 성안을 장강과 회강(淮江)이 서쪽에서 동쪽으로 흘러간다. 성도인 합비는 2천 년 역사의 고도로서, 삼국시대 치열한 전쟁터였다.

안휘성 동쪽에 위치한 황산(黃山)은 중국에서 가장 아름다운 산 가운데 하나이다.

③ 화남(華南)지역

福建省 (閩：福州)

복건성의 명칭은 복주(福州)와 건주(建州)에서 유래하였다. 그리고 약칭인 민은 이 지역에 민월(閩越) 민족이 거주했기 때문에 붙여진 이름이다.

복건성은 화동의 동남쪽 연해에 위치하여 대만해협을 사이에 두고 대만과 마주하고 있다. 이 일대의 사람들은 민남어(閩南語)를 사용하는데, 민남은 통상 천주(泉州), 하문(厦門), 장주(漳州)지역을 말한다.

천주는 해상 실크로드의 출발점이다. 중국의 실크, 도자기, 차 등을 수출하였는데, 마르코폴로는 『동방견문록』에서 천주항을 '동방의 베니스'라고 칭찬하였다.

江西省 (贛：南昌)

당나라 때 장강 이남을 동과 서로 나누어 강남동도(江南東道), 강남서도(江南西道)로 불렀고, 서쪽인 강남서도를 강서도(江西道)로 약칭하면서, 현재의 강서성으로 불리게 되었다. 결국 장강 이남의 서쪽 지역이라는 뜻이다.

성내에 흐르는 감강(贛江)이라는 명칭에서 감(贛)이라는 약칭도 생겨났다.

湖南省 (湘：長沙)

호남성은 장강의 중류 지역에 있는 동정호(洞庭湖)의 남쪽이라는 의미이다. 省 안을 흐르는 상수(湘水)의 명칭을 따서 상으로 약칭된다.

廣東省 (粵 : 廣州)

중국대륙의 최남단에 위치한 성이다. 五代시대에 지금의 광동과 광서지역을 광남(廣南)이라 하였고, 北宋 때 광남로(廣南路)로 명칭하였고, 이를 동과 서로 양분하여 광남동로(廣南東路)와 광남서로(廣南西路)로 불렀다.

이 광남동로가 다시 광동로(廣東路)로 줄어들고, 그 영향으로 명초에 지금의 광동성으로 명칭 변경된 것이다. 지금의 광서성은 광남서로에서 온 것이다.

또한 광동성 지역은, 진시황이 중국을 통일하기 이전인 선진시대 때 남월(南越, 粵) 민족이 거주하던 지역이었기 때문에 지금 월(粵)로 약칭한다.

성도인 광주(廣州)는 약 2800년의 역사를 가진 경제와 문화의 古都로서, 중국의 개혁 개방 이후 인근 홍콩과 마카오의 우수성을 바탕으로 중국 남부의 경제 중심이 되었다.

海南省 (瓊 : 海口)

중국의 남쪽 바다에 있는 섬이라 하여 해남성이라 한다. 1988년 광동성에서 분리되어 중국의 마지막 성으로 승격되었다.

대만보다 약간 작은 중국의 두 번째 섬으로, 해안선은 굴곡이 심하여 대만 섬의 해안선보다 길이가 길다.

경주(瓊州) 해협을 끼고 본토의 뇌주(雷州)반도와 마주하고 있어서, 경(瓊)으로 약칭된다.

臺灣省 (臺 : 臺北)

대만은 고대에 이주(夷洲), 유구(流求)로 불렸고, 16세기에는 고산족(高山族) 부락(部落)의 이름을 음역한 대원(大員)으로 바뀌었고, 다시 17세기에 大員과 음이 비슷한 글자인 대만(臺灣)으로 바뀌어 지금에 이른다. 약칭은 대(臺)이다.

대만은 중국에서 가장 큰 섬으로, 역사적으로 1624년 네덜란드에 점령당했다가 수복되었고, 1895년 시모노세키조약의 결과로 일본의 식민지가 되었다.

1945년 포츠담선언에 의해 해방되고, 1949년 10월 10일 모택동의 공산당 정권에게 쫓겨 온 장개석이 국민당 정부를 세워 지금의 대만에 이르고 있다.

④ 동북(東北)지역

遼寧省 (遼 : 瀋陽)

성내에 요하(遼河)가 있고, 그 일대가 편안하라는 의미로 요녕성이라는 명칭이 생겨났다. 요녕성은 중국 동북의 남부에 위치하고, 성도인 심양은 동북 지방 최대의 중공업 도시이다.

요동반도(遼東半島) 남단에 위치한 대련(大連)은 '북해의 진주'라고 불리는 아름다운 항구도시이다.

吉林省 (吉 : 長春)

청나라 때 이 지역의 송화강(松花江) 연안에 길림오랍(吉林烏拉)이라는 도시가 있었는데, 만주어로 吉林은 '沿'(~를 따라 있다)이고, 烏拉는 '大川'(큰 강)이라는 뜻이다.

결국 吉林烏拉는 '沿着松花江'(송화강 연안에 있다)라는 만주어이고, 이를 간단하게 吉林으로 부르게 된 것이다.

길림성은 요녕성과 흑룡강성의 중앙에 위치하고, 동남부는 백두산을 두고 북한과 국경을 마주하고 있다. 성도는 장춘이다.

黑龍江省 (黑 : 哈爾濱)

중국 최북단에 위치한 성으로 러시아와 국경을 접하고 있다. 성내에 흑룡강이 흐르고 있기 때문에, 흑룡강성이라고 부른다.

성도인 하얼빈은 만주어로 '어망을 말리는 곳'이라는 뜻으로, 본래 어촌이었으나 철로가 개통된 이후에 점차 부흥하였다.

19세기 말 하얼빈은 제정 러시아의 침략을 받았고, 1931~1945년에는 일본의 침략을 받는 수난을 겪었다. 그래서 러시아풍이 많이 남아 있어서 '동방의 모스크바'라는 말이 있다. 겨울엔 송화강의 얼음 조각을 이용하여 열리는 빙등제(氷燈祭)가 유명하다.

⑤ 서북(西北)지역

陝西省 (陝/秦 : 西安)

당나라 때 섬서절도사(陝西節度使)를 설치하였는데, 이때부터 섬서성으로 부르게 되었다. 섬서성은 옛날 秦나라의 근거지였으므로, 진(秦)으로 약칭된다. 황하 중류에 위치하고, 북부의 황토고원과 남부의 진령산맥 사이에 있다.

성도인 서안은 3000년의 역사를 가진 古都로, 12차례에 걸쳐 중국의 수도였다. 가장 번성했던 시기는 장안(長安)으로 불렸던 唐나라 때 였다.

섬서성 위수(渭水) 지역에 위치하여, 서역의 길목인 감숙성으로 가기 위해서 반드시 거쳐야 하는 교통의 요지로, 마르코폴로는 『동방견문록』에서 서안을 실크로드의 출발지로 기술하였다.

甘肅省 (甘/隴 : 蘭州)

감숙성 안의 도시인 감주(甘州:지금의 張掖)와 숙주(肅州:지금의 酒泉)를 합해서 성의 명칭으로 삼았다. 성 안의 농산(隴山)에서 농(隴)으로 약칭하기도 한다.

황하 상류와 영하, 섬서성, 사천성, 섬서성, 사천성, 청해성, 신강위구르, 내몽고와 접경해 있다. 내몽고고원, 황토고원, 청장고원 지대에 위치한다.

기련산맥을 남쪽에 놓고, 북서방향으로 길이 1,000km에 달하는 좁고 긴 하서주랑(河西走廊)을 달리는데, 이것이 바로 실크로드이다.

성도인 난주(蘭州)는 감숙성 중부에 위치하고 있고, 서북 지역의 교통 중심지이다.

青海省(青 : 西寧)

성안에 최대의 호수인 청해(青海)가 있어서 청해성으로 명명된다. 앞 글자를 따서 청(青)으로 약칭한다.

청해성은 중국의 문명을 태동하게 한 근원과도 같은 존재인 장강과 황하가 시작되는 발원지이다. 동쪽으로는 황토고원이 있고, 서쪽으로는 청장고원이 있다. 성의 서북쪽은 차이담분지(柴達木盆地)이고, 곤륜산이 남북에 병풍처럼 펼쳐져 있다.

⑥ 서남(西南)지역

四川省(川/蜀 : 成都)

송나라 때 익주(益州), 재주(梓州), 이주(利州), 기주(夔州) 등을 사로(四路)로 구분하여 천협사로(川峽四路)라 했고, 간단히 사천로(四川路)라고 약칭하게 되었다. 이것이 현재 사천성의 유래가 되었다. 삼국시대 蜀나라의 근거지였기 때문에, 촉으로 약칭된다.

사천성은 장강 상류에 위치하는데, 사방이 산맥으로 둘러싸여 있고, 해발 400~800m에 불과한 분지 형태의 광대한 농경지이다. 서쪽으로는 청장고원에 접해 있고, 동쪽으로는 장강에 접하며, 북쪽으로는 진령산맥, 남쪽으로는 운귀고원이 자리잡고 있다.

사천성의 성도인 성도(成都)는 사천분지의 북서쪽에 위치한다.

貴州省 (貴/黔 : 貴陽)

이 지역에는 진나라 때 검중군(黔中郡)이 설치되어 있었고, 唐나라 때에는 검중도(黔中道)를 두었다. 당나라 때 이 지역 명칭이 구주(矩州)였는데, 宋代에 이르러 당시 발음으로 구주(矩州)와 귀주(貴州)가 차이가 없어서 귀주로 쓰기 시작했고, 원대 이후 귀주가 정식 명칭이 되었다.

약칭은 검중군의 첫 글자를 따서 검으로 칭한다.

해발 1,000m 이상의 운귀고원 동북부에 위치한 귀주성은 다민족이 함께 하는 성이다.

한족 외에 묘(苗)족, 포의(布依)족, 동(侗)족, 이(彝)족, 수(水)족, 회(回)족, 요(瑤)족 등 12개의 소수민족이 성 전체 인구의 35% 정도를 차지한다.

성도는 귀주(貴州)이고, 1972년 닉슨과 모택동이 정상회담 당시 마셔서 유명해진 모태주(茅台酒)도 귀주에서 생산된다.

雲南省 (雲/滇 : 昆明)

한 무제(武帝)때 오색 구름이 남쪽에 보였다고 해서 운남(雲南)이라고 불렀다는 주장과, 운령(雲嶺) 이남에 위치하기 때문에 운남이라고 부른다는 주장이 있다. 한편, 운남성의 곤명(昆明)이 옛날 전국(滇國)이라는 명칭으로 불렀기 때문에 전으로 약칭된다.

서남쪽으로는 미얀마, 남쪽으로는 라오스, 동남쪽으로는 베트남과 접경하고 있으며, 해발 2,000m의 전형적인 고산기후를 가진 곳이다.

운남성 중부에 위치한 성도인 곤명은 사계절 내내 꽃이 피어, 꽃의 도시 또는 봄의 도시(春城)로 불린다.

3. 5개 자치구

① 內蒙古自治區 (蒙 : 呼和浩特)

몽고(蒙古)는 원래 몽고고원에 살던 부족의 이름인데, 그 명칭이 唐나라 문헌에 처음으로 보인다. 13C초 징기스칸이 몽고제국을 세웠고, 1947년 내몽고자치구가 되었다. 성도인 호화호특(呼和浩特)은 몽골어인 '훅호츠'(푸른성:青城)의 음역이다.

② 寧夏回族自治區 (寧 : 銀川)

옛날 하(夏)나라 땅이 편안하라는 뜻에서 영하(寧夏)로 명명되는데, 1958년 영하회족자치구가 되었다. 성도인 은천은 송대 서하(西夏)의 수도였는데, 명승고적이 많다.

③ 新疆維吾爾自治區 (新 : 烏魯木齊)

중국의 서북 변경에 위치하여 러시아, 몽골, 파키스탄 등과 접경을 이룬다. 한민족이 예로부터 서역(西域)이라 불렀고, 청대에 '新開闢的疆域'(새롭게 개척하는 변경지역)이라는 의미에서 약칭 '신강'(新疆)으로 명칭되었다. 1955년부터 위구르족의 자치구가 되었다. 자치구의 2/3가 위구르족이고, 한족과 카자흐족이 그 다음이다.

자치구의 중심인 우루무치(烏魯木齊)는 위구르어 표기로는 'Wulumuchi', 몽골어로는 'Urumchi'인데, '아름다운 목장'

이라는 뜻으로 음역된 것이다.

④ 西藏自治區 (藏 : 拉薩)

중국의 서남단, 청장고원의 서남부에 위치한 이 지역은 원대에 오사장(烏斯藏)으로 불렸는데, 오사(烏斯)는 '중앙'이라는 뜻이고 장(藏)은 '성결'의 의미이다. 이후 '서쪽의 신성한 지역'이라는 의미로 '서장'(西藏)이 되었다.

1950년 10월 중국은 티베트를 침공하였고, 1951년 티베트를 중국의 영토로 정하였다. 1959년 독립을 위한 봉기가 있었지만 무력 진압하였고, 1965년 서장자치구로 인정하였다.

성도인 라싸(拉薩)는 해발 3,700m에 세워진 티베트 정치, 종교의 중심지이다. 일년 내내 햇빛이 비춰 '햇빛의 도시'라고도 불린다.

⑤ 廣西壯族自治區 (桂 : 南寧)

秦나라 때 이곳에 계림군(桂林郡)을 두어 통치하였다. 北宋때에는 광남로(廣南路)로 명칭하였고, 이를 동과 서로 양분하여 광남동로(廣南東路)와 광남서로(廣南西路)로 불렸다.

광서라는 명칭은 광서남로에서 온 것이다. 당시 중심도시가 계림이었기 때문에 계(桂)로 약칭한다.

1958년 자치구가 되었는데, 이 지역 4대 소수 민족인 장족(壯族), 요족(瑤族), 묘족(苗族), 동족(侗族) 중 제일 인구가 많은 장족의 이름을 따서 광서장족자치구로 부르는 것이다.

대표적인 도시인 계림은 자치구의 북동부에 있고, '계림의 산수는 천하제일이다(桂林山水甲天下)'라는 명성이 있을 정도로 아름다운 경관을 자랑한다.

4. 2개 특별행정자치구

① 홍콩특별행정자치구

홍콩은 중국어로 '香港', 영어로 'Hong Kong'이다. 홍콩은 크게 구룡(九龍) 지역, 홍콩 섬 그리고 新界(신계) 지역으로 구성되어 있으며 인구의 대부분이 홍콩 섬 북부와 구룡반도에 밀집되어 있다.

동방의 진주라고 불리는 홍콩은 1942년 아편전쟁의 결과로 맺어진 남경조약에 의해 영국의 통치를 받게 되었고, 중국과는 다른 자본주의 경제체제하에서 눈부신 발전을 이루게 된다.

1984년 등소평은 홍콩의 자치권과 자본주의 생활방식을 보장하고, 사회주의와 자본주의가 병존할 수 있다는 일국양제(一國兩制)를 제시하여, 1997년 7월 1일 영국으로부터 홍콩을 반환받게 되었고, 특별행정자치구로 지정하였다.

② 마카오특별행정자치구

마카오(澳門)는 홍콩에서 서쪽으로 64km 떨어진 곳에 위치한 작은 섬으로, 주강(珠江) 삼각주의 서안에 있다.

1553년부터 포르투갈의 통치를 받기 시작하였는데, 포르투갈인들이 바닷물에 젖은 화물을 말린다는 핑계로 이 땅을 강제로 빌려 사용하였다. 1986년과 1987년 중국과 포르투갈의 우호적인 협상을 통하여 1999년 12월 20일 중국에 반환되었다.

4장

중국의 인문지리

1. 중국의 인구

　중국은 세계에서 가장 많은 인구를 가지고 있다. 최근의 통계인 2016년 7월 자료에 의하면 현재 중국의 인구는 14억 2천만 명으로, 이는 G7, 즉 미국, 영국, 독일, 프랑스, 캐나다, 이탈리아, 일본 등 일곱 나라의 인구를 합한 것보다도 더 많은 인구이다.

RANK	COUNTRY	POPULATION	DATE OF INFORMATION
1	CHINA	1,367,485,388	JULY 2015 EST.
2	INDIA	1,251,695,584	JULY 2015 EST.
3	EUROPEAN UNION	513,949,445	JULY 2015 EST.
4	UNITED STATES	321,368,864	JULY 2015 EST.
5	INDONESIA	255,993,674	JULY 2015 EST.
6	BRAZIL	204,259,812	JULY 2015 EST.
7	PAKISTAN	199,085,847	JULY 2015 EST.
8	NIGERIA	181,562,056	JULY 2015 EST.
9	BANGLADESH	168,957,745	JULY 2015 EST.
10	RUSSIA	142,423,773	JULY 2015 EST.
11	JAPAN	126,919,659	JULY 2015 EST.
12	MEXICO	121,736,809	JULY 2015 EST.

CIA The World Factbook 2015.07

※ 위 통계는 2015년 통계로, 약 2년 사이에 6천만 명이 증가한 것을 알 수 있다.

하지만 중국의 인구 통계는 정확한 것일까? 이 질문에는 쉽게 답하기가 어렵다. 왜냐하면 중국은 농촌 인구의 도시로의 유입을 막기 위하여 각 성마다 호구(戶口)라 불리는 일종의 호적을 관리하는데, 만일 농촌에 살던 사람이 도시로 이사를 하려면 도시의 戶口가 있어야 한다. 도시의 학교로 진학을 하던가 아니면 도시에 있는 기업체에서 근무를 해야 戶口가 발행되는데, 이처럼 戶口를 취득하기가 어렵기 때문에 戶口 없이 몰래 도시에서 생활하는 농촌사람들이 많이 있다.

따라서 4년에 한 번씩 진행하는 인구통계조사 기간 중에는 戶口없이 대도시에 거주하는 사람들이 인구 통계를 피해 숨기 때문에, 이들에 대한 인구 통계는 제대로 이루어지지 않는다.

왜냐하면 이때 戶口 없이 도시에 거주한 것이 적발이 되면 바로 농촌으로 추방이 되기 때문에 戶口 없이 도시에서 사는 사람들은 인구조사 기간이 되면 농촌으로 도망을 가거나 도시 안에 꽁꽁 숨어 산다.

또한 인구 조사원들이 집집마다 직접 방문하여 인구 통계를 내는데, 이때에는 현관의 신발, 가재도구, 심지어 칫솔의 숫자까지 일일이 검사를 한다. 하지만 여기에도 허점이 있어서 만일 집에 있으면서도 문을 안 열어주면 조사원들은 어쩔 수 없이 아파트 관리실에 가서 가족 수를 물어 조사를 마친다. 물론 도시에 몰래 사는 사람들은 아파트 관리원에게 뇌물을 주고 자신들의 존재를 숨긴다. 이러다 보니 도시에 숨어사는 농촌 인구는 인구통계에서 빠질 수밖에 없다. 또한 인구조사가 정확하지 않은 가장 큰 이유는 흑해자(黑孩子), 즉 어둠의 자식들 때문이다.

중국 정부는 인구 증가율의 억제를 위하여 1979년부터 철저한 인구제한정책(계획생육정책)을 폈다. 즉 한 가구 한 자녀 낳기인데, 만약 아이를 둘 이상 낳게 되면 많은 벌금을 내야 하고, 특히 공산당원이나 국영기업체에 근무하는 사람들이 이 규정을 어기면 상당한 처벌을 받기 때문에, 대부분의 중국인들은 한 가구

에 한 자녀만 두는 것이 일
반적이었다.

이들 외동딸, 외동아들
을 소황제, 즉 어린 황제라
부르며, 혹은 80년대 이후
에 태어났다고 하여 80后
(호우)라고도 부른다.

● 421 종합증

한 가구에 한 자녀만 낳을 수 있게 되자, 전통적으로 다산(多
産)을 중시하던 중국 가정에 큰 변화가 일어났다. 우선 자녀를
한 명만 낳을 수 있게 되자 아들 선호사상이 점차 희미해지고,
딸 하나라도 최선을 다해 양육하는 사회 풍토가 조성된 것이
다. 또한 위 그림처럼 한 쌍의 부부는 양가 부모 네 명을 부양
하고 한 명인 아이까지 극진히 보살펴야 하는 부담을 안게 되
었다. 이러한 사회적 문제를 '421종합증'이라 불렀다.

동시에 한 아이를 여섯 명의 어른, 즉 부모와 조부모, 외조부
모가 극진히 보살피는 사회 현상이 나타나면서 이런 외동 아들
혹은 외동 딸을 '꼬마 황제'라 부르게 된 것이다.

하지만 80년대 초반에 태어난 소황제(小皇帝)들은 이미 성인
이 되었고, 이러한 상황은 반대로 나타나게 되었다. 즉 두 명의
소황제가 결혼하게 되면, 반대로 양가의 부모와 조부모, 외조

부모까지 모셔야 하는 큰 부담을 앉게 된 것이다.

이른바 계획생육정책으로 중국 인구의 자연 증가율은 1970년 25.8%에서 2013년 4.92%로 다섯 배 정도 낮아졌다.

하지만 이미 자녀가 있음에도 피치 못할 사정에 의하여 둘째나 셋째 자녀를 낳게 되면 많은 벌금을 내야하는데, 벌금이 없는 가난한 사람들은 아이들의 출생 신고를 못하고 호적 없이 그냥 키웠다. 이러한 아이들을 중국에서는 흑해자, 즉 어둠의 자식들이라고 불렀다.

현재 흑해자가 전국에 얼마나 되는가에 대해서는 정답을 찾기가 어려운 상황이며, 더욱 큰 문제는 이들은 호적이 없어서 학교에 다니지 못하기 때문에 교육 수준이 형편없이 낮고, 그러다보니 성인이 되어서도 합법적인 일보다는 불법적인 일에 종사하는 경우가 많다는 점이다.

● 계획생육정책의 변화

계획생육정책이 엄격히 시행되던 과거에도 예외는 있어서, 장애를 갖은 자녀를 낳은 경우, 소수민족, 부모 모두 형제자매가 없는 경우 등과 같은 일부 사례에 대해서는 계획생육정책에서 예외로 인정하였다.

또한 홍콩과 마카오 같은 특별행정구와 중국에 거주하는 외국인들은 이 정책에서 배제되었다.

이후 2013년 11월 중국공산당은 제18기 중앙위원회 제3차

전체회의를 통해 각 가정에 한 자녀만 두는 것으로 제한해 온 '한 자녀 갖기' 정책을 사실상 폐지하고 부부 중 한 명이 독생자이면 두 자녀까지 허용하는 산아제한 완화 정책을 발표한 바 있다.

이후 2015년 10월 말에는 북경에서 개최된 5중 회의에서 한 자녀 정책을 폐지하고 두 자녀 정책으로 변경하였으며, 2016년 3월 중국 양회에서 정식 제정하여 공식화되었다.

이러한 정책상의 변화는 그만큼 중국 사회도 인구 노령화가 가속화되고 있으며 인구 증가율이 갈수록 떨어지고 있기 때문에 발생한 것이다.

하지만 이 새로운 정책이 시작된 이후에도 중국의 인구 증가율은 지속적으로 하락하고 있다. 이유는 여러 가지가 있겠으나 중국 역시 자녀를 양육하기 위하여 많은 비용을 감당해야 한다는 부담이 큰 것이 가장 주된 요인으로 꼽힌다.

2. 중국의 소수민족

중국은 예로부터 동이, 서융, 남만, 북적이라 일컫는 사방의 오랑캐와 더불어 살아온 민족이다. 또한 원나라는 몽고족이, 청나라는 만주족이 통치했던 왕조이기도 하다. 따라서 중국에는 예로부터 수없이 많은 여러 민족들이 어울려 살아왔다.

이후 근대화 시기를 거치면서 유구한 중국의 역사 속에 등장했던 약 140여 종의 민족 중에서 한족의 문화에 동화되어 한족화된 민족을 제외하고, 또한 스스로 소수민족임을 포기하고 한족이 되기를 희망한 민족을 제외하고 총 55개의 소수민족을 지정하였다.

중국에서 소수민족으로 남기 위해서는 특정한 민족이 공동의 언어, 공동의 주거지역, 공동의 경제생활, 공동의 문화라는 민족 형성의 네 가지 조건을 충족하고 있는가가 중요한 요소였다. 또한 개개의 민족들이 독자적인 민족단위로 존재할 의사를 가지고 있는가 하는 것이다.

중국은 이러한 조건을 충족하고 있는 민족을 55개로 확정하여 소수민족으로 인정하고 있다.

현재 중국에는 14억 2천만 명 정도가 살고 있으며, 이 중 91.5%는 한족이, 8.5%는 55개 소수민족이 차지한다. 8.5%라 하니 별것 아니라고 라고 생각할 수 있겠지만, 14억 2천만 명의 8.5%면 1억이 넘는 인구이다.

현재 55개 소수민족 중 인구가 가장 많은 종족은 壯族으로, 1,692만 명 정도되며 주로 광서성, 운남성, 광동성에 살고 있다.

우리의 동포인 조선족도 이 안에 포함되며, 2010년 통계에 의하면 192만 명이라고 한다.

이렇든 다양한 민족이 함께 살아가다 보니, 우리나라와 같은 단일민족국가에서는 볼 수 없는 광경이 펼쳐지고는 한다.

소수민족의 인구는 비록 중원의 한족에 비해 적지만, 지역 분포는 전 국토의 64%에 달할 정도로 매우 넓다.

소수민족 사람들은 주로 중국의 서북부와 서남부, 동북지역에 살고 있는데, 5개 소수민족 자치구(自治區)와 30개 자치주(自治州) 그리고 116개 자치현(自治縣)으로 되어 있다.

이 지역은 자원이 풍부하고, 중국의 변방지대에 있다는 중요성 때문에 중국 당국은 소수민족에게 자치권을 부여하여 한족과의 동화(同化)를 시도하고 있다. 소수민족 고유의 풍속습관 및 종교 신앙도 허용하고, 인구 제한 정책을 쓰지 않고 있다.

또한 자치구 지역으로 한족을 이주시켜 중국화하는 정책도 꾸준히 병행하여, 현재 티벳 지역을 제외한 대부분의 소수민족 지역에 한족의 인구 비율이 절반을 넘어서고 있다.

요즘 드러나는 문제는 소수민족의 인구가 지속적으로 줄어들 가능성이 많다는 점이다. 즉 소수민족과 한족이 결혼하여 자녀를 낳았을 때, 그 자녀는 한족과 소수민족 중에서 선택할

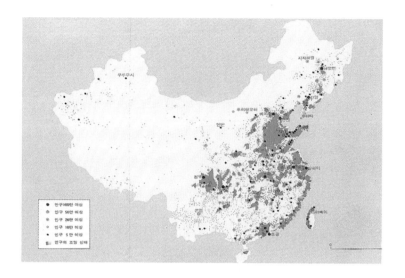

수 있는데, 대부분 한족을 선택하게 된다. 왜냐하면 소수민족
보다는 중국의 정통 민족인 한족이라는 신분을 취득하는 것이
앞으로의 생활에 유리하다고 판단하기 때문이다.

이렇게 다양한 민족들로 구성된 국가의 안정된 통일을 유지
하기 위해서 중국은 모든 민족의 평등이라는 이념을 기반으로
하여 잘 짜여진 소수민족정책을 실시하고 있다. 이 정책은 무
엇보다 소수민족의 지역자치를 시행토록 하며 민족 고유의 문
화를 존중하고 그들의 언어와 문자를 사용하는 것을 권장한다.

또한 소수민족의 종교적 자유를 보장해주고 그들의 사회적
환경과 삶의 질의 개선과 발전을 도모함으로써 수많은 소수민
족들의 지지를 얻고 있다.

그러나 이와 같은 보장에도 불구하고 소수민족 지역은 단지

명목상의 자치 지역일 뿐이다. 한족이 최종적으로 통제를 하고, 소수민족이 중앙정계에 진출하기가 쉽지 않기 때문이다. 결국 소수 민족의 정체성을 인정해 준다는 중국 정부의 외형적인 배려는 하나의 중국을 위한 한족의 의도적인 측면이 강하다고 할 수 있다.

● 조선족은 어디에 살까?

중국 소수민족 중에서 인구가 가장 많은 민족은 장족(壯族)으로 약 1,600만 명에 이르며 인구가 500만 이상인 소수민족이 9개, 100만~500만인 소수민족이 9개에 달한다.

현재 중국은 소수민족 중에서 인구가 대략 1,000만 명이 넘으면 자치구로 인정해 주는데, 중국의 동북방에 있는 우리와 뿌리가 같은 조선족은 약 200만 명 정도 되기 때문에 자치구가 아닌 조선족 자치주(自治州)라고 불린다.

조선족이 가장 많이 분포하는 지역은 길림성이며 중국 내 조선족 전체 인구의 약 60%가 거주한다.

주요 거주 지역인 연변 조선족 자치주는 길림성 동남부에 위치하여 동으로는 러시아와 국경을 접하고 남으로는 두만강을 사이에 두고 북한과 마주하며 북으로는 흑룡강성과 연결된다.

한편 조선족은 근래에 들어 인구증가가 정체되면서 여러 가지 요인으로 인하여 인구감소가 이루어지고 있는 문제가 대두되고 있다.

조선족이 중국 내 도시지역 및 한국 등 국외로 대규모 이주를 하면서 결혼적령기의 젊은 세대는 생활 조건과 환경 변화 등으로 인하여 결혼시기가 과거 세대에 비하여 늦어지고 있어 출생률이 떨어지고 있으며 또한 다른 민족과의 통혼도 증가하고 있다.

현재 소수 민족이 가장 많이 살고 있는 성은 약 34개 소수민족이 거주하고 있는 운남성이다.

각 소수 민족의 사회 발전 상황과 생활의 질의 차이는 중국의 문화 지역 차이의 중요한 근원이 되는데, 전체적으로 볼 때 서남 지역의 소수 민족은 물질 생활 면에서 생활의 지수가 낮게 나타난다. 이는 운남성 지역의 소수 민족들이 갖고 있는 독특한 생활 풍속 때문이다.

민 족	인 구	주요 주거 지역
장족(壯族)	1,618만	광서성, 운남성, 광동성
만주족(滿洲族)	1,068만	요녕성, 베이징, 하북성, 흑룡강성, 길림성
회족(回族)	982만	영하, 감숙성, 하남성, 신강, 청해성, 운남성
묘족(苗族)	894만	귀주성, 호남성, 운남성, 사천성, 광서, 호북성
위구르족(維吾爾族)	840만	신강

민 족	인 구	주요 주거 지역
토가족(土家族)	803만	호남성, 호북성, 중경, 귀주성
이족(彝族)	776만	운남성, 사천성, 귀주성, 광서
몽고족(蒙古族)	581만	내몽고, 요녕성, 길림성, 하북성, 흑룡강, 신강
티벳족(藏族)	542만	서장, 사천, 청해성, 감숙성, 운남성

(『中國2000年人口普查資料』, 中國統計出版社, 2002년.)

5장

중국의 언어

1. 중국어의 명칭

우리는 일반적으로 중국 사람들이 쓰는 언어를 '중국어'라고 부르는데 사실 이 명칭은 일본 사람들에 의하여 만들어진 명칭이다. 중국인들은 그들의 언어를 예전에는 보통화(普通話)라고 불렀다. 이는 방언의 사용이 심했던 시기에 방언과 표준어를 구분하기 위하여 표준어를 보통화라고 칭한 것이다. 요즘은 일반적으로 한어(漢語)라고 부른다.

● 만다린(Mandarin)이란?

만다린은 과거에 중국어의 명칭으로 사용되던 용어로, 뜻은 관화라는 뜻이다. 관화는 Official Language라는 의미를 지난 梵語, 즉 산스크리트어를 음역한 것으로, 방언이 유독 발달했던 중국에서 중앙정부의 관료가 쓰는 표준어라는 의미로 사용되어 왔다.

현재 중국어의 방언은 관화(官話), 오(吳), 상(湘), 공(贛), 객가(客家), 월(粤), 민(閩) 방언으로 크게 7가지로 구분하는 것이 일반적이다.

이처럼 다양한 방언이 사용되어 왔지만, 중국은 한자(漢字)를 통하여 상호 간의 의사소통을 해왔다.

물론 각 지역의 방언을 한자로 그대로 옮겨 적었을 때, 의사소통이 100% 가능하다는 것은 아니다. 즉 오늘날의 상해 말을 한자로 그대로 적는다고 해서, 북경 사람들이 그 문장을 정확하게 읽어낼 수 있는 것은 아니다. 다만, 경학(經學)을 중시해 온 중국인들은 입말과 다른 글말을 암기했고, 글말을 쓰는 문형만큼은 방언의 차이와는 무관하게 항상 일관된 질서를 유지하여 왔기 때문에 어느 정도 배운 사람들의 경우에는, 각지의 방언과는 무관하게 글말의 문형으로써 문장을 써왔다. 따라서 한자를 통하여 의사소통이 가능했다고 말할 수 있는 것이다.

● 광동어란?

광동어는 광동성(廣東省) 일부와 광주시(廣州市) 및 홍콩의 표준방언이며 영어로는 'Cantonese'라고 한다. 광주의 주강(珠江) 삼각주 유역을 중심으로 광동성(廣東省)의 남서부와 광서성(廣西省) 남동부 일대에 분포하며, 사용인구는 약 4,700만 명으로 추정된다. 미국의 화교 중에 광동계가 많기 때문에, 미국계 중국인들이 가장 많이 쓰는 중국어 방언이기도 하다. 광동어의 자음(字音) 수는 600개 정도로, 북경어(北京語)의 400개보다 많고, 북경어에는 이미 소실된 -p, -t, -k의 입성(入聲)이 아직 남아있어 수(隋), 당(唐) 등 중고(中古)시대의 한자음체계를 보존하고 있다. 성조는 아홉 개(음운적으로는 6종)이며, 발음과 어휘 및 통사면에서도 북경어와는 큰 차이를 보인다. 우리가 영화를 볼 때 중국어는 중국어인데, 어딘가 말이 빠르고 고저의 변화가 무쌍한 중국어가 있다면, 광동어일 가능성이 높다. 유덕화(劉德華), 성룡(成龍) 등 홍콩 배우들이 주로 쓰는 말이다. 한어와 성조 체계부터 발음체계에 이르기까지 다른 점이 너무 많아서, 의사소통이 어렵다고 볼 수 있다.

2. 중국어의 특징

중국어는 한국어와 다른 몇 가지 특징을 가지고 있다. 이에 대해서 살펴보기로 하자.

1) 고립어(Isolatimg Language)

고립어란 성, 수, 격, 시제 등에 의하여 형태 변화가 일어나지 않는 언어를 말한다. 굴절어인 영어나 교착어인 한국어와는 다른 특징을 지닌다.

예를 들어, "나는 그를 본다"라는 문장에서 영어의 경우, '보다'라는 의미의 동사 'see'는 시제에 따라 형태 변화를 일으킨다.

I see him → I saw him / am seeing / have ever seen

그러나 중국어의 경우에는 시제가 변하더라도 '보다'라는 의미의 동사 '看'에는 어떠한 형태 변화도 일어나지 않는다.

我看他 → 我看了他。我在看他。我看过他。

또한 영어의 경우, '책'이란 뜻의 명사 'book'은 단수일 때와 복수일 때 형태가 다르다.

He has many books. / I have a book.

하지만 중국어에서 '책'이란 의미의 명사 '書'는 단수와 복수의 형태가 동일하다.

他有很多書. 我有一本書.

영어의 경우에는 '나'라는 인칭대명사 'I'가 주어, 목적어, 소유격으로 사용될 때 그 형태가 I, me, my로 변하지만, 중국어의 '나'인 '我'는 주어, 목적어, 소유격으로 사용될 때 동일한 형태이다.

이처럼 단어의 형태가 변하지 않는 언어를 고립어라고 하며, 중국어는 대표적인 고립어이다.

2) 어순(Word Order)이 고정적이다

어순이 고정적이다라는 것은 어순이 변하지 않는다는 것이 아니라, 어순이 변하면 뜻도 달라진다는 의미이다.

한국어의 경우, 나는 너를 사랑해, 나는 사랑해 너를, 너를 나는 사랑해 등으로 어순이 변하더라도 '내가 너를 사랑한다'는 의미에는 변화가 없다.

하지만 중국어의 경우에는 '我愛你'는 '내가 너를 사랑해'라는 뜻이지만, 어순이 바뀌어서 '你愛我'가 되면 "당신이 나를 사랑해"라는 뜻으로 의미가 바뀐다.

이유는 한국어의 경우에는 나는, 너를 등에서 ~는(주격조사), ~를(목적격조사) 등이 있어서 어순이 바뀌어도 의미를 파악할 수 있지만, 중국어에는 이러한 조사가 없기 때문이다.

따라서 중국어에서는 어순이 매우 중요하다. 아래는 송(宋)나라 때 지어진 《寄懷一首》라는 시인데, 먼저 남편이 고향이 있는 가족이 그리워 아래와 같은 시를 지어 보냈다고 한다.

> ☞ 孤燈夜守長寞寂, 夫憶妻兮父憶兒.

이 편지에 대한 답시로 아내는 아래의 시를 보냈다.

> ☞ 兒憶父兮妻憶夫, 寂寞長守夜燈孤

위의 두 시를 비교해보면, 남편의 시를 완전히 순서만 뒤집어 쓴 것을 알 수 있다.

3) 겹품사의 발전

우리가 영어를 공부할 때는 각 단어의 품사를 구별하여 함께 공부한다. 하지만 중국어에는 한 낱말이 여러 개의 품사 역할을 하는 경우가 많다.

    a) 我在家。　　　(동사 - 술어)

    b) 他在家休息。　(개사 - 부사어)

    c) 他在看书。　　(부사 - 부사어)

  a에서 在는 ~에 있다라는 뜻의 동사이고, b에서 在는 ~에서라는 전치사이며, c에서 在는 ~하는 중이다라는 의미를 나타내는 부사이다.

  이처럼 한 낱말이 여러 개의 품사를 겸하는 것을 겸품사라고 하는데, 중국어 단어 중에는 이러한 단어가 매우 많다.

4) 성조(Tone)가 발달한 언어이다

  중국어에는 매 음절마다 성조가 있으며, 같은 음절이더라도 성조가 다르면 의미도 달라진다. 예를 들어 mai라는 음절을 3성으로 읽으면 '사다'라는 뜻이지만, 4성으로 읽으면 '팔다'라는 뜻이 된다.

  기본적으로 위의 표와 같이 네 개의 성조가 있다.

  그렇다면 중국어에 왜 성조가 발달했을까?

  가장 큰 이유는 중국어의 음절의 수가 적기 때문이다. 음절의 수가 적다는 것은 동음이의어, 즉 동일한 음절에

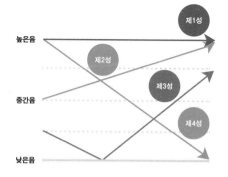

여러 다른 의미가 있다는 것이다. 따라서 하나의 음절이 하나의 의미만을 나타낸다면 의사 소통에 큰 어려움이 따르게 된다. 이에 중국어는 하나의 음절에 여러 성조를 붙이고, 동일한 음절이더라도 성조가 다르면 다른 의미를 나타내는 방식으로 의미를 표현해 온 것이다.

5) 단음절어(Mono-Syllabic Language)로 시작

원래 중국어는 단음절어였다. 즉 하나의 한자에 하나의 음절이 있으며, 하나의 음절은 하나의 의미를 나타냈다는 것이다. 이는 중국의 문자, 즉 한자의 특성과 밀접한 관련이 있다. 한자는 처음 문자가 될 때 언어의 발음을 표기하는 부호를 문자로 삼은 것이 아니라 언어의 의미를 나타내는 형상을 취하여 문자로 삼은 표의문자이다. 따라서 하나의 한자는 하나의 음절, 하나의 의미를 지닐 수밖에 없었다.

따라서 한동안 중국어 어휘는 대부분 단음절어였다. 하지만 사회가 발전하고 사람의 사유체계가 복잡해지면서 예전과 달리 매우 많은 어휘가 등장하게 됐고, 더 이상 단음절어로는 이렇게 세분화된 의미를 표현하기 어렵게 되었다. 이후 중국어는 두 개 이상의 음절이 결합된 다음절어가 증가하게 되었고, 현대 중국어 어휘의 90% 이상은 다음절어로 구성되어 있다.

90% 이상이 다음절어임에도 불구하고 중국어의 특징을 단음절어라고 얘기할 수 있는 것은 두 개 이상의 한자가 결합하

여 하나의 낱말을 구성하더라도, 여전히 하나의 한자가 가지고 있던 고유의 의미는 남아있기 때문이다. 예를 들어 學生이란 단어는 學과 生이라는 두 개의 음절이 결합된 이음절어이지만, 결합된 이후에도 여전히 學과 生의 의미는 學生이란 단어 안에 포함되어 있는 것이다.

6장

중국의 문자

1. 한국에서의 한자어

　'漢字'는 중국의 문자이다. 하지만 훈민정음이 창제되기 이전까지 우리의 선조들은 한자로 기록하였고, 한자로 된 문헌을 읽었다. 일반적으론 한사군(漢四郡)의 설치를 한자가 대량으로 한국에 유입된 계기로 보는데, 이후 한자는 우리나라에 많은 영향을 미쳤다. 오늘날 우리가 사용하는 한국어 어휘 중에도 한자어가 대략 70%에 달한다고 한다. 즉 우리는 일상생활과 업무에서 많은 한자를 사용하고 있는 것이다. 따라서 한자에 대한 이해는 중국의 문자를 이해하는 것임과 동시에 우리의

일상에 스며들어 있는 한자어에 대한 이해를 돕는 작업이기도
하다.

생명이 모래 폭풍처럼 흩어지는 전쟁터로부터의 뉴스를
시시각각 전해 들으며, 새삼 삶이란 무엇이며, 인간이란 얼
마나 위태한 벼랑 위에 핀 한 송이 풀꽃인가를 생각한다.
 얼마 전 한 단체에서 모집한 유서를 심사한 적이 있다. 유
서란 알다시피 죽음을 맞기 전에 남기는 글이므로, 굳이 글
솜씨로서의 심사대상이 될 것인가 하는 의문이 들었다. 하
지만 죽음을 전제하고 남은 이들에게 생의 고락과 경 험의
일단을 견고한 언어로 남겨둔다는데 의의가 있고, 또 유서
를 미리 써 보는 그 자체도 삶의 뜻깊은 일부가 되겠구나
싶어 숙연한 마음으로 심사에 응했다.

위의 문장에 사용된 한자어를 표기해 보면 다음과 같다.

生命이 모래 暴風처럼 흩어지는 戰爭터로부터의 뉴스를
時時刻刻 傳해 들으며, 새삼 삶이란 무엇이며, 人間이란 얼
마나 危殆한 벼랑 위에 핀 한 송이 풀꽃인가를 생각한다.
 얼마 전 한 團體에서 募集한 遺書를 審査한 적이 있다. 遺
書란 알다시피 죽음을 맞기 전에 남기는 글이므로, 굳이 글
솜씨로서의 審査對象이 될 것인가 하는 疑問이 들었다. 하

지만 죽음을 前提하고 남은 이들에게 生의 苦樂과 經驗의 一段을 堅固한 言語로 남겨둔다는데 意義가 있고, 또 遺書를 미리 써 보는 그 自體도 삶의 뜻깊은 一部가 되겠구나 싶어 肅然한 마음으로 審査에 應했다.

이처럼 우리는 일상생활에서 다량의 한자를 사용하고 있다. 따라서 한자는 중국어를 배우기 위해서만 필요한 것이 아니라, 한국 사람이 한국에서 한국어를 잘 하기 위해서도 반드시 알아야 하는 것이다.

2. 한자의 역사 - 갑골문에서 해서까지

한자는 처음 만들어진 이후 많은 변화를 겪게 된다. 다음에서는 그 변천과정을 살펴보기로 한다.

1) 한자의 기원 - 창힐작서설(倉詰作書說)

훈민정음의 경우, 언제 누가 어떻게 만들었는가에 대한 정확한 기록이 남아 있어서 이론의 여지가 없지만, 한자를 처음 누가 만들었는가에 대한 해답

창힐 - 눈이 네 개 달렸다.

은 쉽게 찾을 수 없다.

춘추시대(春秋時代)의 학자들은 이 질문의 해답을 찾기 위하여 창힐(倉頡)이란 인물을 만들어냈다('창힐작서설(倉詰作書說)'). 문헌에 등장하는 창힐(倉頡)의 지위는 처음에는 상고(上古)시대의 한 사람이라고 했다가, 점차 승격화 되어 황제(黃帝)의 사관(史官)이라고도 하고, 심지어 창힐(倉頡)이 황제라는 주장까지 나오게 되었다.

또한 창힐(倉頡)이 처음 한자를 만들어 낸 방법 역시 '어려서부터 알고 있었다', '태어날 때 이미 알고 있었다' 등으로 확대되면서 창힐(倉頡)의 가치를 높였다.

심지어 상형문자라는 한자의 특징을 고려하여, 창힐이 하늘의 별자리와 날아가는 새, 들짐승의 발자국 등을 보고 한자를 만들어 냈다는 주장도 나오게 되었고, 이러한 주장은 결국 창힐(倉頡)에게 우리와 같은 범인들이 보지 못하는 것까지 볼 수 있도록 두 개의 눈을 더 달아주게 되어, 창힐은 결국 네 개의 눈을 가지게 되었다.

그러나 한자는 한 개인에 의해서 단기간에 만들어졌을 가능성이 없고, 또한 창힐(倉頡)이 실존했다는 명확한 증거자료도 없기에 춘추시대 학자들의 이러한 주장은 사실로 받아들이기 어렵다. 다만, 창힐이 어려서 한자를 좋아했고, 평생 한자와 관련된 일을 하였다는 순자(荀子)의 언급은 참고할 만하다.

● 한자 탄생 이전의 원시적 의사소통 수단

문자가 만들어지기 이전, 고대 중국인들은 어떠한 방식으로 서로의 의사를 소통하였을까. 우리가 알 수 있는 방법 중에는 결승(結繩), 즉 매듭문자가 있다. 문자가 없어서 멸망했다는 고대 잉카제국의 문명 중에도 얼마 전 매듭문자가 있었다는 주장이 나온바 있다.

매듭을 묶는 방식과 매듭의 모양, 묶여진 매듭의 수, 줄의 길이 등을 다양하게 변화시키면, 우리가 상상하는 것 이상으로 복잡한 내용을 매듭을 통해서 기록할 수 있었다. 물론 결승(結繩)은 중국 고유의  것은 아니었고, 전 세계 고대문명에서 공통적으로 사용하였던 원시적인 의사소통 혹은 기억보존의 방식이었다.

이외에도 서계(書契), 혹은 부절(符節)이라 불리던 나무판도 있었다. 즉 어떤 사항에 대해서 당사자끼리의 약속 내용을 나무판에 그린 뒤, 이를 둘로 쪼개어 하나씩 가지고 있다가, 그 내용을 이행해야 할 시점이 되면, 서로 보관하고 있던 나무판을 합하여 서로의 기억을 보조하는 수단으로 활용되었다.

2) 도자기에 새겨진 문자 - 도문

한동안 최초의 한자는 갑골문(甲骨文)으로 인정되어 왔다. 그러나 최근 섬서성(陝西省) 반파(半坡) 등을 중심으로 앙소문화(仰韶文化) 시기의 도문(陶文)이 발견되면서, 한자의 역사는 수천 년 소급될 가능성이 있다.

도문이란 도자기에 새겨진 문자라는 뜻이다. 섬서성 반파에서 한 농부가 우물을 파다가 발견된 지금으로부터 약 6800년 전의 문명인 앙소문화 유적지에서 대량의 도자기 파편들이 발견되었는데, 이 가운데 문자 비슷한 것이 새겨진 도자기 파편들도 함께 발굴되었다. 이러한 도자기 파편들을 복원하면 그릇의 주둥이 부분에 한 글자씩 문자가 새겨진 것임을 알 수 있는데, 도자기에 새겨진 문자라는 뜻에서 이를 '도문(陶文)'이라고 부른다.

반파에서 발견된 문자는 총 22종으로, 그 수가 그리 많지는 않고, 또한 도문(陶文)을 문자로 인정할 것인가에 대해서는 학자들마다 이견이 있기 때문에, 아직까지는 최초의 한자라고 단정할 수는 없다. 즉 적어도 문자로 인정받기 위해서는 두 글자가 나란히 새겨진 문장으로 된 도문이 발견되어야 한다. 그러나 현재까지 발견된 도문은 모두 한 글자씩만 새겨져 있다.

복원한 도자기, 주둥이 부근에 한 글자씩 새겨져 있다.　　　깨어진 상태의 도문 조각들

섬서성 반파에 위치한 서안반파박물관

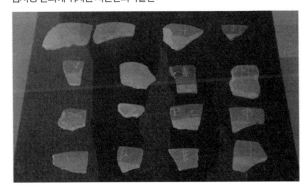

따라서 도문은 문자라기보다는 그 도자기를 만든 사람의 표식이거나 그 도자기를 사용한 부족의 족휘, 즉 심벌이라는 주장이 보다 유력하다. 하지만, 보다 많은 도문(陶文)이 발굴되고, 이에 대한 연구가 진행된다면, 도문(陶文)이 최초의 한자가 될 가능성을 배제할 수는 없다.

만일 도문이 최초의 한자로 인정받는다면, 한자의 역사는 지금으로부터 약 6800년 전으로 소급될 수 있다. 중국은 현재 도문이 최초의 한자라는 것을 증명하기 위하여 고고학 방면에서 많은 투자를 하고 있다. 향후 또 다른 곳에 대량의 도문이 발견될지, 귀추가 주목되는 부분이다.

3) 거북이에 새겨진 문자 - 갑골문

지금으로부터 약 3,800년 전의 상(商)나라 사람들은 국가의 중대사나 상나라 왕(王)의 일상에 대해서 점을 쳤다. 즉 전쟁, 사냥, 제사, 상왕(商王)의 혼례(婚禮), 왕후(王后)의 출산(出産) 등을 앞두고 그들은 손질된 짐승의 뼈에 찬(鑽)과 착(鑿)이라는 홈을 파고, 그 뒷면을 불로 지져 갈라지는 홈의 모양새에 따라 길흉을 판단했다.

거북의 등판   거북의 복갑 - 점을 친 흔적들이 있다.

　그들은 점을 친 후, 점을 친 날짜, 점을 친 정인(貞人)의 이름, 점 친 내용, 점 친 결과를 점을 친 짐승의 뼈 가장 자리 혹은 뒷면에 새겨 두었는데, 바로 이렇게 새겨진 문자를 우리는 '갑골문(甲骨文)'이라고 부른다. 바로 이 갑골문(甲骨文)이 현존하는 가장 오래된 한자이다.

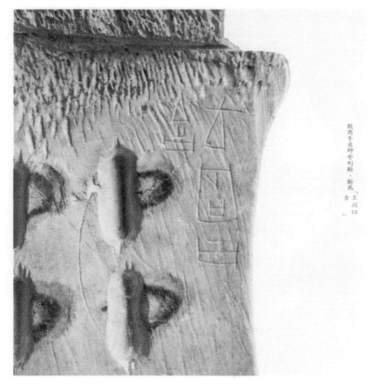

"王占曰, 吉", 즉 "왕이 점쳐 말하되, 길하다(좋다)"라고 새겨져 있다.

이러한 갑골문자의 발견과정은 흥미롭다. 1899년, 당시 북경의 국자감(國子監) 재주였던 왕의영(王懿榮)은 달인당(達仁堂)에서 지어온 자신의 약재 속에서 문자 비슷한 것을 발견하게 된다. '용골(龍骨)'이라 불리던 이 약재에는 무언가 문자 비슷한 것이 새겨져 있었는데, 일반인들의 눈에 뜨이지 않던 이 문자들은 금석학(金石學)에 조예가 깊었던 왕의영의 눈에 뜨인 것이다.

이후 '용골'이었던 이 약재는 중국 최초의 문자로 새로 태어나게 된다.

이 귀한 사료인 '용골' 즉 갑골문은 지금의 하남성 안양시 소둔촌에서 처음 발견된다. 처음 소둔촌의 농민들은 밭을 갈다가 자꾸 땅속에서 짐승의 뼈조각이 나오자, 동네 한 귀퉁이에 이들을 모아두었다고 한다. 어느 날 한 농부가 팔을 낫에 베어서 피가 흐르자, 약이 없던 그 농부는 혹시하는 마음에 이 뼈조각을 갈아서 팔에 발랐다고 한다. 그런데 이튿날 피가 멈추고 상처가 아물기 시작하자 이 소문이 순식간에 소둔촌에 퍼져 이 짐승의 뼈조각을 용의 뼈, 즉 용골이라고 생각하기 시작하였다. 배가 아프면 갈아서 마시고, 열이 나면 갈아서 머리에 발랐다.

갑골문이 새겨진 수골의 파편, 갑골문은 보통 가로 세로 1cm로 새겨져 있다.

이렇게 이 귀한 역사적 사료는 소둔촌 농민들에 의하여 왕의 영이 발견하기 전까지 갈아 없어졌다고 한다. 참으로 안타까운 일이다.

지금까지 발견된 갑골 조각의 수는 약 10만 조각에서 15만 조각에 이르러, 여기에 새겨진 한자의 자종(字種) 수는 약 5천 자 정도이다. 이 중 자음(字音)과 자의(字義)가 모두 명확하게 고석된 것이 약 천 자, 자음(字音)은 불명확하지만 편방의 구조와 자의의 추정이 가능한 것이 약 800자이다.

하남성 안양시 소둔촌에 새워진 갑골문 박물관

대부분의 갑골(甲骨)은 반경(盤庚)이란 왕이 商나라의 도읍을 은(殷)으로 옮긴 이후, 주(周)나라에 의하여 멸망할 때까지의 273년간 만들어진 것이다.

갑골문은 최초의 한자라는 점에서도 큰 의의가 있지만, 상(商)나라 사람들의 사유 방식과 일상의 모습을 반영하고 있다는 점에서 중국 고대문화사 연구에서 차지하는 비중 역시 매우 높다고 할 수 있다.

예를 들면, 갑골문으로 새겨진 복사 중에는 코끼리 사냥을 나가서 코끼리를 잡았다는 기록이 자주 보인다. 코끼리는 아열대 동물이기 때문에 현재 갑골문이 사용되었던 하남성에서는 코끼리의 자연서식이 불가능하다. 따라서 이 갑골복사의 기록을 근거로 추정해 보면, 지금으로부터 3800년 전에는 하남성 일대의 기후가 코끼리가 자연서식할 정도로 따뜻했다는 것을 알 수 있다.

또한 또 다른 갑골복사에는 "甲寅일에 殼이 점쳐 묻습니다. 婦好가 출산을 하려고 하는데, 아들일까요? 왕이 판단하여 말하길 丁일에 낳으면 아들일 것이다"라는 기록이 있다. 이 갑골 卜辭는 왕후였던 婦好의 출산에 대해서 점은 친 기록으로, 언제 출산을 하면 아들을 낳을 것인지를 물었고, 왕이 丁일에 출산하면 아들일 것이라고 점괘를 기록한 것이다. 아들의 출산을 바라는 내용으로 보아, 商代에 이미 男兒選好 사상이 있었다는 것을 엿볼 수 있다.

이렇듯 남아선호 사상의 역사는 유구한 것이나, 현대 중국에는 오히려 여남평등이라 하여 남녀가 똑같이 일을 하고 가사일도 똑같이 나누어 하는 풍조가 만연하다.

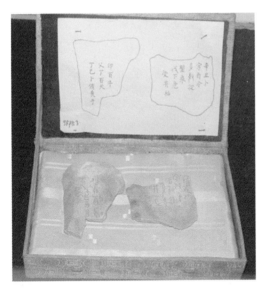

박물관에 전시 중인 실제 갑골

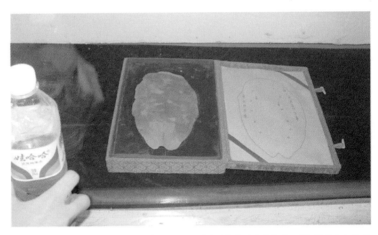

몇 개 남지 않은 거북의 정판 - 생수병과 크기를 비교하면 어른 손바닥만하다는 것을 쉽게 알 수 있다.

4) 청동기에 새겨진 문자 - 금문

갑골문은 짐승의 뼈 조각 위에 날카로운 돌조각 등을 사용하여 엄지 손톱 만하게 글자를 새겼기 때문에 글자의 획이 직선이 많고 가늘고 날카롭다.

주나라가 시작되면서 중국에도 청동기 시대가 시작되었고, 이에 글자를 적는 노트가 짐승의 뼈 조각에서 청동기로 바뀌게 된다. 이렇게 청동기 내부의 밑바닥에 새겨 넣은 글자를 금문(金文)이라 칭한다.

금문은 제작 과정에서 청동 주물상에 글자를 새겨 넣었기 때문에 획이 두껍고 둥근 것이 많으며 글자의 수도 갑골문에 비하여 많이 증가하게 된다.

바닥에 금문이 새겨진 청동기

주나라는 중국에서 최초로 봉건제를 실시한 나라이다. 봉건제란 봉토건국, 즉 땅을 내주어 그 땅의 왕을 시키는 대신 주나라 천자의 명을 받들게 한 제도이다.

제후국의 왕은 주나라 천자의 신하가 되므로 군신관계가 성립된다. 그러나 이 역시 그리 신뢰할 수 없었기 때문에 주나라 천자는 제후국의 왕과 혈연관계를 주로 맺게 된다. 즉 제후국 왕의 딸을 자신의 첩으로 삼거나, 자신의 아들을 제후국 왕의 사위로 보내기도 한다. 그러나 이러한 혈연관계 역시 시간이 지나면서 점차 흐려졌고, 군신관계 역시 세월이 흐르면서 약해졌다. 결국 주나라 천자의 권위는 땅에 떨어졌고, 제후국은 더 이상 주나라의 명을 받들지 않게 된다. 이때부터 중국은 큰 혼란에 빠지게 되고, 후세 사람들은 이 시기를 춘추전국시대라 부른다.

대전

특히 전국시대에서는 전국7웅이라 불리는 북쪽의 연나라, 동쪽의 제나라, 남쪽의 초나라, 그리고 중앙을 차지하던 한, 위, 조나라의 여섯 나라와 서쪽의 진나라가 있었다. 이 중 진나라를 제외한 동방의 여섯나라는 당시 문명 수준이 꽤 높았다고 한다. 그래서 이들 육국은 화폐, 도량형, 마차의 궤폭 등을 나름대로 변형시켰고, 문자 역시 고유의 문자로 발전시켰다.

이 시기 진나라에서 사용된 문자를 대전(大篆)이라 칭하고, 동방의 여섯나라에서 사용한 문자를 육국문자, 혹은 고문자라고 부른다.

5) 진시황의 문자 - 소전

중국 최초의 전국통일을 이룩한 진시황제는 전국을 통일한 뒤, 전국시대에 달라지게 된 화폐, 도량형, 수레의 궤폭 등을 통일 전 진나라의 것을 기준으로 통일하기 시작했으며, 문자 역시 자신들이 사용해 왔던 대전을 조금 개량한 소전(小篆)을 만들어 이를 전국의 공용문자로 선포하였다. 이것이 바로 중국 최초의 문자개혁이다.

간과할 수 없는 사실은, 대전은 주나라의 금문과 크게 다르지 않았다는 점이다. 즉 동방의 육국이 조금씩 다른 문자인 육국문자, 즉 고문을 만들어 사용할 때 진나라만큼은 주나라의 문자를 거의 그대로 쓰고 있었다.

소전으로 새겨진 태산각석

진시황은 전국 통일 후, 당연히 자신들의 문자인 대전을 토대로 소전을 만들었고, 이를 가지고 전국의 문자를 통일한 것이다.

만일 진나라가 아닌 동방의 여섯 나라 중 어느 한 나라가 전국을 통일하고, 그들의 문자를 기준으로 전국의 문자를 통일했다면, 오늘날 갑골문, 금문으로 이어지는 한자의 역사에 다소

간의 공백이 생겼을 가능성도 전혀 배제할 수는 없다.

바로 이점이 진시황제가 한자에 미친 큰 영향이라고 할 수 있다.

현재는 대전과 소전을 합쳐서 전서, 혹은 전문이라고 칭하며, 주로 도장을 새길 때 많이 사용한다.

6) 하급관리들의 한자 - 예서

진시황에 의하여 전국의 문자는 소전으로 통일되었으나, 당시 매우 바쁜 하루하루를 보내던 하급 관리들에게 소전은 불편하기 짝이 없었다. 왜냐하면 소전은 구불구불 이어지는 필획으로 인하여 글자를 쓰기가 어려웠을 뿐만 아니라 잘못 쓰거나 잘못 읽는 경우도 많았기 때문이다.

이로 인해 딱딱 끊어 써서 알아보기 쉽고 쓰기 쉬운 새로운 문자가 탄생하게 되는데, 우리는 이 한자를 예서(隸書)라고 부른다.

예서는 그 명칭에서 이미 예서를 경시했던 풍조를 찾아볼 수 있다. 즉 예서의 예(隸)자는 '노예'를 지칭하는 것으로, 당시 옥

리, 즉 감옥에서 일하는 하급 관리처럼 신분이 낮은 계층에서
는 또박또박 끊어쓰는 예서를 쓰고, 신분이 높은 관리들은 여
전히 쓰기 어려운 소전을 썼기 때문에 붙여진 명칭이다.

예서는 진나라의 옥리였던 적막이란 사람이 처음 고안한 것
이라고 알려졌는데 적막은 많은 업무량으로 인하여 소전으로
어떤 사람의 죄형을 적을 때 큰 실수를 하는 바람에, 하루 아침
에서 옥리에서 죄인으로 신분이 바뀌었다고 한다.

적막은 감옥에서 이 모든 것이 소전이 쓰기가 너무 어려워서
생긴 일이라 생각하고, 하급관리들이 글자를 빨리빨리 또박또
박 써낼 수 있는 새로운 한자체를 개발했는데, 이것이 바로 예
서라는 설이 있다.

우리가 요즘 나라 국자를 11획이라고 말할 때, 획이란 붓을
한 번 종이에 댓다가 떼어내는 횟수를 의미한다. 즉 11획이란
붓을 종이에 11번 댓다가 떼어 낸다는 의미이다. 바로 이러한
획의 개념이 처음 적용된 한자체가 바로 예서이다. 이에 우리
는 한자를 고문자와 금문자로 구분할 때, 예서부터 금문자라고
칭한다.

7) 휘갈겨 쓴 초서

구불구불 이어지던 소전의 필획을 딱딱 끊어 썼던 예서는 알
아보기 쉬웠던 반면, 쓰기가 좀 불편했다. 왜냐하면 당시의 서
사도구가 오늘날과 같은 볼펜 같은 것이 었다면 쓰기가 편했겠

지만, 붓으로 종이에 글자를 써
야 했기 때문에 딱딱 끊어써서
필획의 양끝이 뭉툭했던 예서
는 글자를 빨리 쓰기에는 불편
함이 있었다.

이에 중국인들은 딱딱한 예
서를 빠른 속도로 휘갈겨 쓰는
새로운 한자체, 즉 초서(草書)를
만들어낸다.

초서는 빨리 쓴다는 장점이
있었던 반면, 글자를 알아보기
힘들다는 단점을 지니게 된다.
즉 초서는 장초, 금초, 광초의

초서

단계로 발전하면서 글자의 일부를 생략하거나 윤곽만을 휘갈
겨 쓰게 되었고, 이에 심지어 글자를 쓴 사람조차 잘 알아보기
어려울 정도로 변화하게 된다. 이때부터 초서는 언어를 기록하
는 문자로서의 역할 외에 심미적인 만족감을 충족시키는 예술
의 장르로 발전하게 된다. 이것이 바로 서예의 시작이다.

8) 표준적인 서체 - 해서

이후 가장 모범적인 한자체인 해서(楷書)가 등장한다. 해서
는 예서의 알아보기 쉽다는 장점과 초서의 빨리 쓸 수 있다는

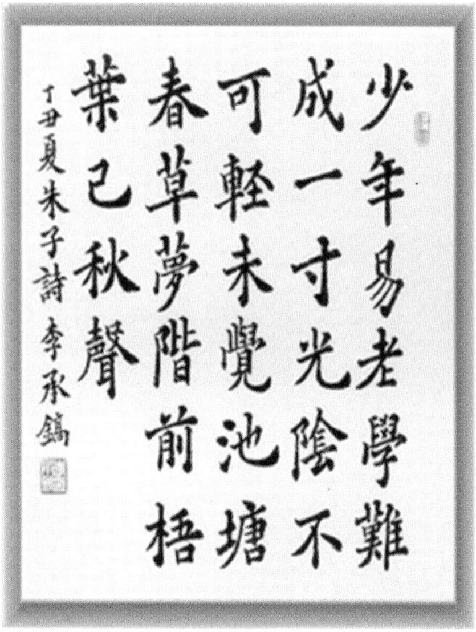

장점을 결합하여 탄생하게
된다. 해서는 위진남북조 시
기에 서서히 등장하다가 당
나라 때부터 한자의 가장 전
형적이고 모범적인 서체가
되었다. 오늘날 우리가 사용
하는 한자가 바로 이 해서에
해당된다.

또한 해서의 필기체인 행
서(行書)도 등장한다. 오늘날
만약 우리가 손으로 해서를
쓴다면 넓은 의미에서 행서
에 포함된다.

해서

행서는 초서와 비슷하지만 글자를 생략하지 않기 때문에 초
서보다는 알아보기 쉽다.

3. 모택동의 한자 개혁
- 인민을 위한 한자 '간체자'의 등장

2008년부터 유엔 내에서 사용하는 한자를 '간체자(簡體字)'
로 통일하기로 결정하였다. 이는 곧 국제사회에서 '간체자'가

공식적인 한자체(漢字體)로 공인받는다는 것을 의미하는 것으로, 우리에게도 민감한 문제가 아닐 수 없었다. 왜냐하면 우리는 소위 '번체자(繁體字)'라 불리는 한자를 사용하고 있기 때문이다.

문제는 '간체자'는 누가 왜 만들었는가, 전체 한자 중에서 '간체자'가 차지하는 비중은 얼마나 되며 누가 사용하는가, '간체자'를 공부하기 위해서는 어떻게 해야 하는가, '간체자'의 사용은 우리에게 해(害)가 될 것인가, 아니면 득(得)이 될 것인가 등이 있을 것이다. 이러한 문제를 풀어가기 위해서 지금부터 '간체자'에 대한 이야기를 해보고자 한다.

1) 마오쩌둥은 왜 한자를 간화했을까?

'大韓民國'과 '大韩民国', '漢字'와 '汉字'

처음 중국어를 공부하는 사람은 중국어 교재에 쓰여져 있는 다소 생소한 모양의 한자를 접하게 된다. 어떤 글자는 우리가 사용하는 한자와 모양이 동일한데 비해, 어떤 글자들은 모양이 조금씩 다르다. 예를 들어 '大韓民國'과 '大韩民国', '漢字'와 '汉字'에서 '大', '民', '字'는 모양이 동일하지만, '韓'과 '韩', '國'과 '国', '漢'과 '汉'은 모양이 조금씩 다르다.

모양이 다른 한자들을 모아 살펴보면 한 가지 공통점을 발견하게 되는데, 이는 곧 글자들의 필획수가 현저하게 줄어든다는 것이다. 즉 '韓'은 17획이지만 '韩'은 12획이고, '國'은 11획이지만 '国'은 8획이며, '漢'은 14획이지만 '汉'은 5획이다. '필획수'란 한자를 쓰기 위해서 붓을 종이에 대었다가 떼어내는 횟수를 의미하는 것이므로, 이는 곧 글자를 쓰기 위해 투자되는 시간과 공력이 줄어들었다는 것을 의미한다.

2) 그렇다면 이러한 '간체자'는 누가 만들었는가?

1949년 모택동(毛澤東)은 중화인민공화국(中華人民共和國)을 수립하였다. 새로운 中國은 시급하게 해결해야 할 많은 일들이 있었는데, 그중의 하나는 인민들의 사상을 개혁하여 新中國 건립 과정에 참여토록 하는 일이었다. 사상 개혁을 위해서는 인민들을 교육시켜야 했는데, 당시 중국 인민의 많은 수는 문맹이었다. 한 가지 예를 들면, 어떤 마을에 흉년이 들어 인민들이 굶어죽는 최악의 사태가 벌어진 적이 있었다. 중국 정부는 이들을 원조하기 위하여 몇 월 며칠 어디로 오면 식량을 무상으로 제공하겠다는 공고문을 붙였다고 한다. 그러나 당일이 되었는데도 식량을 받으러 오는 사람들은 없었다고 한다. 왜냐하면 공고문을 읽을 수 없었기 때문이다. 이 정도로 당시의 문맹률은 매우 높았다고 한다.

毛정부는 한자 학습이 어려운 이유에 대해서 분석을 하였고, 그 결과 한자학습의 난점은 첫째, 외어야 할 한자의 수가 너무 많다. 둘째, 한자의 모양이 너무 복잡해서 외우기 어렵고 쓰기도 불편하다. 셋째, 지역마다 방언(方言)의 차이로 인하여 동일한 글자임에도 독음(讀音)이 다르다라는 것을 알아내게 된다.

毛정부는 1952년에 정무원문화교육위원회(政務院文化敎育委員會)에 중국문자개혁연구위원회(中國文字改革硏究委員會)를 설립하여 한자 학습에 있어서의 이러한 난제를 해결하기 위하여 한자개혁의 기초 작업을 진행하였다. 이후 1954년에는 국무원(國務院) 직속으로 중국문자개혁위원회(中國文字改革委員會)를 만들어 본격적으로 한자와 중국어의 개혁 작업을 진행하였다. 당시의 개혁 작업은 크게 세 가지 과제를 안고 진척되었는데, 첫째는 한자의 간화(簡化)이고, 둘째는 이체자(異體字)의 정리, 셋째는 한어병음방안(漢語拼音方案)의 제정 및 보급이었다. 이 기구는 삼십 년간 한자와 중국어의 개혁 작업을 진행한 뒤, 1985년 말에 국가어언문자공작위원회(國家語言文字工作委員會)로 명칭을 바꾸었다.

20세기 중반 이후 중국에서 진행된 세 가지 측면에서의 한자개혁은 수천 년의 역사를 지닌 한자 자체에도 커다란 변화를 가져다주었다. 특히 두 번째와 세 번째 과제였던 이체자(異體字)의 정리와 한어병음방안(漢語拼音方案)의 제정 및 보급은 커다란 무리없이 순조롭게 진행되었고, '漢字' 자체에 미치는 영향 역시 그다지 심각하지 않았다.

≫ 이체자의 정리 : 한자의 의미와 자음은 동일하나 자형이 조금 다른 이체자를 대량 폐기 하였다.

炮, 砲, 礮 → 炮

迹, 跡, 蹟 → 迹

≫ 한자의 발음을 통일하기 위하여 알파벳을 이용한 병음방안을 만들어 한자 위 혹은 아래에 병기하도록 하였다.

dà jiā hǎo　wǒ shì fǔ fǔ　wǒ shì hán guó rén
大家好！我是甫甫。我是韩国人。拜拜~

위의 두 가지 개혁, 즉 이체자의 정리와 한어병음방안의 실시로, 한자의 수가 대폭 줄었고, 표준어 발음의 확산이 빠르게 진행되었다. 그러나 한자의 간화(簡化)는 수천 년의 역사를 지닌 漢字에 많은 파급력을 발휘하였다.

2) 모든 한자를 간화한 것인가?

'간체자'란 간화(簡化)된 한자를 말한다. '번체자'를 사용하고 있는 우리에게 관심이 되는 문제는 '전체 한자 중에서 얼마나 많은 한자들을 간화했는가'일 것이다.

【 중국문자개혁위원회(中國文字改革委員會) 】

년 도	개 혁 내 용
1995.1	한자간화방안초안(漢字簡化方案草案) 제시
1956	한자간화방안(漢字簡化方案) 공포
1964.5	간화자총표(簡化字總表) 발표 - 총 2,246개의 지엔티즈 수록
1986	간체자의 총수를 2,235자로 확정

위의 표를 통해서 알 수 있듯이 우리가 알고 사용해 온 한자, 즉 번체자와 다른 간체자는 불과 2,235자에 불과하다. 간화의 방법에는 몇 가지가 있는데 예를 들면 복잡한 자형의 성부를 지닌 형성자 중 성부를 음이 같거나 유사한 간단한 자형의 한 자로 대체하여 간화하거나, 복잡한 필획의 한자를 초서나 행서 에서 빌려와 대체하는 등 여러 가지 방법을 이용하여 한자의 모양을 간화시켰다.

優 → 优　　　燈 → 灯　　　雲 → 云
書 → 书　　　齒 → 齿　　　綠 → 录
術 → 术　　　漢 → 汉　　　瞭 → 了

● **한자는 모두 몇 글자인가?**

한자가 모두 몇 글자인지 정확하게 통계내기는 어렵지만, 청 대(淸代)에 나온 『강희자전(康熙字典)』(47,035자), 이후 1990년에

나온 『한어대자전(漢語大字典)』(54,678자), 1994년에 나온 『중화
자해(中華字海)』(85,568자) 등을 참고한다면, 현재까지 사용된 한
자의 총수는 대략 8만자 정도라고 얘기할 수 있다. 따라서 8만
자나 되는 전체 한자 중에서 중국인들이 사용한다는 간체자는
불과 2천여자에 불과하므로, '간체자'를 사용한다는 사실 자체
는 한자문화권에 속하는 우리에게 그리 심각한 문제가 아닐 수
있다고도 볼 수 있다.

● **한자는 얼마나 알아야 하는가?**

다행히 중국에서 생활한다고 하더라도 수만 자에 이르는 한
자를 모두 알아야 할 필요는 없다. 1988년 중국의 국가어언문
자공작위원회(国家语言文字工作委员会)와 국가교육위원회(国家教
育委员会)는 2,500자의 한자를 상용자(常用字)로, 1,000자를 차
상용자(次常用字)로 지정하고, 상용자는 小学(초등학교)에서 가
르치고, 차상용자는 初中(중학교)에서 가르치도록 하고 있다.

중국 사람들이 많이 사용한다는 「신화자전(新华字典)」에는 모
두 8천 5백자가 수록되어 있고, 13억의 중국 사람들이 한번쯤
은 읽어보았을 『모택동선집(毛泽东选集)』 네 권에 사용된 한자
의 자종(字种)은 약 3천자에 불과하다. 또한 중국의 출판사에서
인쇄를 위해 사용하는 상용활자(常用字盘) 역시 3천자를 넘지
않는 것이 보통이다.

통계에 의하면 상용자(2,500자)와 차상용자(1,000자) 가운데

1,000자만 알면 중국에서 출판되는 인쇄물의 89%를 읽을 수 있고, 1,500자를 알면 94%, 2,000자를 알면 98%, 3,000자를 알면 99%를 읽을 수 있다고 한다.

따라서 중국어를 공부하고, 중국 사람들과 중국어를 매개로 삼아 교류하기 위해서는 대략 3천자 정도만 알면 큰 문제가 없다고도 할 수 있다.

3) 간체자의 득과 실

중국인들이 사용하는 '간체자'는 말 그대로 복잡한 필획(筆劃)을 간단하게 간화(簡化)하여 만든 한자이다.

龜와 龟

'龜'는 '거북이'라는 뜻의 한자로 필획수는 16획이다. 그러나 모양이 너무 복잡하여 글자를 쓰는 사람에 따라 필획수가 조금씩 달라질 수도 있고, 정확하게 써내는 것 역시 그리 만만하지는 않다. 간체자는 자형을 간화하여 '龟'로 쓰는데, 필획수가 7획으로 줄었을 뿐만 아니라 글자를 쓰기 위해 투자되는 시간과 공력이 줄어들고, 글자를 외우는 것 역시 훨씬 쉬워졌다.

간체자의 가장 큰 장점은 이처럼 필획수가 줄어들었다는 것이다. 통계에 의하면 간체자로 정해진 2,235자의 평균 필획수는 10.3획인데 반해, 이 글자들의 간화하기 이전 평균 필획수는 15.6획이라고 한다. 산술적으로는 번체자(繁體字) 두 자를 쓸 동안 간체자 세 자를 쓸 수 있는 셈이다.

한자 간화의 가장 큰 소득은 아마도 한자를 보다 쉽고 빠르게 학습할 수 있게 되었다는 점일 것이다.

그렇다면 한자를 간화함으로써 잃게 된 것은 무엇일까? 전체 간체자 중에는 글자의 일부를 생략하여 만들어진 간체자가 많은 부분을 차지하며 이러한 과정에서 한자가 가지고 있는 표의문자(表意文字)라는 특징이 상당 부분 소실되었다는 점은 단점으로 지적되기도 한다.

愛 爱

'사랑하다'는 의미의 이 글자는 간체자에서는 '마음'을 나타내는 心이 생략되었다.

親 亲

'친하다' 등의 의미인 이 글자는 간체자에서 '보다'라는 뜻 나타내는 見이 생략되었다.

'사랑하다'에서 '마음'을 빼고, '친하다'에서 '보다'를 뺀 것이다. '마음' 없이 '사랑'하고, '보지'도 않고 '친한' 것이 가능한가?

앞의 예는 표의문자인 한자를 간화하는 과정에서 글자의 의미를 구성하는 꼭 필요한 부분이 간화되어 사라져 버린 것에 대한 비평의 의미로 주로 대만의 학자들이 이러한 점을 많이 지적했다.

4) 중국의 대표적인 자전

우리나라에서는 한자의 발음이나 의미를 찾을 때 주로『옥편(玉篇)』을 사용한다. 사실『옥편』이전에 중국 최초의 자전이 한나라 때 이미 나왔다.

『옥편(玉篇)』

즉 허신이 편찬한『설문해자(說文解字)』는 체계를 갖춘 중국 최초의 자전으로, 총 9,353자의 표제자와 1,163자의 이체자를 수록하고 있다. 특히『설문해자』는 중국 자전 중 최초의 六書로써 한자의 구조를 설명하고 부수에 따라 글자를 배열하였다는 점이 매우 높게 평가된다.

한국 사람들에게 자전의 대명사로 알려진『옥편』은 중국 육조시대, 즉 6세기에 고야왕(顧野王)이 편찬하고 이후 소개라는 사

람이 개수한 자전이다. 542개의 부수에 16,917자를 수록하였고, 반절을 달아 자음을 나타냈다. 이후 당나라 때 손강, 송나라 때 진팽년 등이 글자를 증보하고 설해를 정리하였다. 요즘 우리가 볼 수 있는 『옥편』은 송나라 때인 1013년에 증수된 것이다.

마지막으로 중국의 자전 중 권위있는 자전은 청나라 강희황제의 칙명으로 당시의 대학사였던 진정경, 장옥서 등 30여 명의 학자들이 5년간의 작업을 거쳐 1716년에 완성한 『강희자전(康熙字典)』이다. 약 4만 7천 여자를 214개의 부수로 나누고, 획수의 순으로 배열하였으며, 글자마다 반절로 독음을 달고 뜻을 설명하였다.

오늘 소개한 자전 가운데 『옥편』을 제외한 『설문해자』나 『강희자전』은 우리나라 사람들에게 그다지 친숙한 자전은 아니지만, 국내에서 한문학이나 한학을 연구하시는 많은 분들이 주로 사용하고 있는 대표적인 자전이다.

『설문해자(說文解字)』

『강희자전(康熙字典)』

133

7장

중국의 대표적 명절

　중국인들은 전통적으로 달의 운행주기를 계산하여 날짜를 셌다. 이는 농경과 밀접한 관련이 있기 때문에 농력(農歷)이라고 불렀고, 하(夏)나라 때 만들어졌다고 해서 하력(夏歷)이라고도 불렀다. 요즘은 양력에 대비시켜 음력이라고 부른다. 음력에서는 1년을 춘, 하, 추, 동의 사계(四季)로 나누었는데, 음력 1, 2, 3월은 봄, 4, 5, 6월은 여름, 7, 8, 9월은 가을, 10, 11, 12월은 겨울에 해당된다. 각각의 절기에 따라 필요한 농경 활동 및 서민들의 오락 활동이 세시풍습으로 전해지는데, 오늘부터 중국의 4대 명절을 중심으로 각각의 절기마다 중국인들이 전통적으로 무엇을 먹고, 입고, 어떤 활동을 하는가에 대해서 살펴보고자 한다.

1. 춘절(春節)

대표적인 명절로 중국 4대 명절 중 하나인 음력 1월 1일, 즉 춘절이 있다. 춘절은 오늘날에도 중추절과 함께 가장 큰 명절이다.

춘절을 지내는 것은 '过年', 즉 '새해를 맞다'라고 뜻으로 불렸고, 그 역사는 대략 3,000년 정도나 된다. 본래는 '원단(元旦)' 혹은 '원일(元日)'이라 불렸는데, 신해혁명 이후 양력을 채용하면서 양력 1월 1일을 원단(元旦)이라 칭하게 되었고, 대신 음력 1월 1일은 춘절이라고 부르게 되었다.

대문에 붙이던 춘련.

자손의 번성을 기원하는 금붕어와 연꽃, 복숭아 열매로 장식된 연화

춘절을 맞이하기 위해 민간에서는 춘절 며칠 전부터 대청소를 하고, 음식을 준비하고 춘련(春联), 연화(年画) 등으로 집안을 장식하고 '복(福)'자를 커다랗게 써서 붙인다. 춘련이란 집의 대문에 '입춘대길' 같은 문구를 붉은색 종이에 써서 붙이는 풍습이고, 연화란 집안 곳곳에 예쁜 그림을 걸어두는 풍습을 말한다. 특히 연화의 경우, 주로 사용되는 소재는 어린 아이와 금붕어, 연꽃 등이다. 어린아이는 그 집안의 후손을 상징하고, 금붕어는 다산, 연꽃은 어려움을 극복하라는 의미를 담고 있다.

거꾸로 붙여진 福

또한 대문에 '福'자를 붙이는 풍습이 있다. 이때 '복(福)'자는 제대로 붙이지 않고 거꾸로 붙인다. 이유는 중국어에 '뒤집히다', '거꾸로'라는 뜻의 '倒'(따오)는 어디어디에 도달하다는 뜻의 '到'(따오)와 발음이 같기 때문이다. 즉 '福자가 거꾸로 되었다'는 '福이 도달한다'는 의미가 되는 셈이다.

또한 춘절에는 흩어졌던 온 가족이 한자리에 모인다. 이를 위해 중국은 대략 일주일에서 열흘간의 휴가를 갖는다. 춘절 하루 전날 저녁을 '제석(除夕)'이라 부르는데, 이것은 오래된 것

춘절을 맞아 집안을 붉은색으로 장식한다.

은 없애고 새것을 퍼뜨린다는 의미이다. 한 해의 마지막 시간에 온 가족이 함께 모여 제야음식을 먹고 이야기로 웃음꽃을 피우며 밤을 지새우는데, 이러한 풍습은 '수세(守歲)'라고 부른다.

만두 - 중국에서는 교자라고 한다.

섣달 그믐밤 0시, 즉 자시(子時)가 되면 사람들은 빚어 둔 만두(餃子:교자)를 먹는 풍습이 있다. 이는 갱세교자(更歲交子), 즉 '자시에 해가 바뀐다'라는 의미를 가진다.

섣달 그믐날 밤에는 또한 폭죽을 터뜨리며 파티를 한다. 폭죽을 터뜨리는 것은 나쁜 기운을 몰아내고 한 해 동안 순조롭기를 바라기 위해서라고 한다. 여기에는 두 가지 유래가 있다. 하나는 옛날 어느 마을에 포악한 괴물이 살았는데, 해마다 춘절이 되면 마을의 어린아이를 제물로 바치라고 했다. 마을사람들은 이를 막기 위하여 백방의 노력을 하였는데, 그러던 중, 그 괴물이 시끄러운 소리를 가장 두려워한다는 것을 알아내고는, 섣달 그믐이 되면 시끄러운 폭죽을 터트려 괴물이 마을로 내려오지 못하게 했다는 전설이 있다. 다른 하나는 '폭죽(爆竹)'의 중국어 발음이 '복을 알리다'라는 뜻의 報祝라는 단어와 비슷하기 때문이라는 주장도 있다.

아무튼 중국인들은 폭죽놀이를 위해서 상당히 많은 돈을 낭비하고, 또한 화재의 위험이 높아서 중국에서는 한동안 폭죽놀이를 금지해 왔다. 그러나 2005년 9월부터는 정해진 날에 한해서 부분적으로 다시 폭죽놀이를 허용하고 있다.

폭죽놀이 사진

● 세배돈의 유래

우리도 설이 되면 아이들이 어른
들로부터 세뱃돈을 받는다. 중국에
서도 오래전부터 춘절이 되면 아이
들은 어른들에게 세뱃돈을 받기도
한다.

우리와 조금 다른 점은 세배돈을
줄 때 빨간 봉투에 넣어 준다는 점이
다. 이를 '홍빠오(紅包)'라고 한다. 여
기에는 유래가 있다.

● 홍빠오

전통적으로 중국인들은 춘절 전날 밤에 빨간 종이로 세뱃돈
을 싸고서 잠든 아이의 베개 밑에 넣어 둔다. 아이는 춘절 아침
에 일어나 베개 밑의 세뱃돈을 보고 기뻐한다.

그렇다면 왜 아이들에게 돈을 주기 시작한 걸까? 잠시 엽전
이라 불리우던 옛 화폐의 모양을 떠올려 보
자. 겉은 둥글고 가운데는 네모난 구멍이
있는 이 옛 화폐에는 큰 의미가 실려 있다.

천원지방을 상징하는 모양의 옛 화폐

돈은 '천원지방(天圓地方)', 즉 '하늘은 동
그랗고, 땅은 네모지다'를 상징하는 것으
로, 즉 둥그런 겉은 양의 기운 중 으뜸인 하

늘을 상징하고 네모진 구멍은 음의 기운 중 최고인 땅의 모양을 본 뜬 것이다. 이는 음양의 조화를 뜻하며, 붉은색은 사악한 기운을 쫓아주는 색이라고 여기기 때문에, 아이들이 음양의 조화를 잘 이루어 평안하게 살기를 바라는 마음에서 나쁜 기운을 물리치는 붉은색 천으로 돈을 싸서 춘절에 주었던 것이다.

이러한 세뱃돈은 '壓歲錢(압세전)'이라고도 부른다. 왜냐하면 '歲'와 '재앙'이라는 뜻의 '祟(수)'의 중국어 발음이 같기 때문이다. 즉 '재앙을 막아주는 돈'이라는 뜻이 된다.

● **춘절의 지역 풍습**

예로부터 중국인들은 시작을 매우 중시했다. 한 해의 계획은 봄에 시작되고, 하루의 계획은 아침에 세워진다는 말은 이러한 생각을 잘 표현한 것이라고 생각된다. 또한 시작이 좋으면 끝도 좋다는 말도 자주 사용하는데, 이러한 생각들이 모아져 한 해의 시작인 춘절을 매우 중시하는 것 같다.

춘절에는 또한 각 지방마다 독특한 풍습이 있다. 예를 들어 어떤 지방에서는 초하룻날 비구니나 과부를 만나는 걸 꺼린다고 한다. 이는 비구니를 만나면 도박에선 반드시 진다라는 미신과 새해에 과부를 만나면 반드시 홀아비가 된다는 미신 때문이다. 또 어떤 지방에서는 국에 밥을 말아먹는 것을 금지하는데, 이는 일년 내내 좋은 날이 없이 외출하면 비를 맞거나 죽만 먹을 수 있다고 여기기 때문이다. 이외에도 바느질과 가위 바위

보를 못하게 하는데, 이는 재물 길, 관직 길을 끊고, 심지어는 자손이 끊긴다고 여기기 때문이다.

하북과 하남 지방에서는 정월 한 달 동안 이발을 못하게 하는데, 그래서 일반적으로 그곳 사람들은 정월 전에 모두 이발을 한다. 또한 춘절 전날 밤인 제석에는 年夜飯이라고 하여 그해의 마지막 식사를 한다. 이때는 주로 생선요리를 먹는다. 이는 생선의 魚라는 중국어 발음이 여유있다라는 뜻의 余와 같기 때문이다.

이러한 것들은 비록 미신이지만, 사람들이 새로운 한 해에 대해 큰 기대를 품고 자신과 가족들의 모든 일들이 뜻대로 되기를 희망하는 바람이 깃들어 있음을 엿볼 수 있다.

2. 원소절(元宵節)

중국에서는 춘절이 음력 1월 1일에 시작되어 보름간이나 계속되다가 음력 1월 15일, 즉 원소절이 되어서야 끝난다. 우리는 정월대보름이라 부르는 이 날은 해가 바뀌고 처음으로 보름달이 뜨는 날로, 중국의 4대 명절 중 하나이다.

현대인들은 밤에 달을 보지 않는다. 왜냐하면 볼 필요가 없기 때문이다. 그런데 저 옛날에는 매일매일 사람들이 달을 쳐다봤다. 지금처럼 전기가 없던 시절, 밤이 되면 어두워서 아무

것도 할 수 없었기 때문에, 사람들은 보름달이 뜨기만을 기다렸다. 그런데 드디어 해가 바뀌고 처음으로 보름달이 뜨는 날이 원소절이다. 평소에는 밤이 되면 어두워서 아무것도 못하다가 훤한 보름달이 뜨니 그냥 밤을 보낼 수 없었다. 그래서 사람들은 밖으로 나와 밤새 즐거운 시간을 보냈는데, 이날이 바로 원소절이다.

원소절 풍경

원소절은 또한 밤새 등불놀이를 했기 때문에 등절이라고도 부른다. 원소절에 행하는 등불놀이에는 전해오는 전설이 있다. 오랜 옛날 천궁을 지키던 신조가 길을 잃어 인간 세상에 내려왔다가 인간들이 쏜 화살에 맞아 죽었다고 한다. 이 사실을 알게 된 옥황상제는 크게 노하여 정월 대보름에 세상에 불을 질러 인간을 벌하려고 하였다. 그런데 이 사실을 알게 된 마음씨

착한 옥황상제의 딸이 이 사실을 인간들에게 전해 주었다고 한다. 며칠을 궁리한 끝에 한 노인이 묘안을 내놓았는데, 즉 정월 대보름 밤에 집집마다 등불을 내걸어 인간 세상이 마치 이미 화염에 휩싸인 것처럼 보이게 하자는 것이었다. 이 묘안은 적중하였고, 인간은 옥황상제의 벌을 피할 수 있었다고 한다. 이후로 매년 정월 대보름이 되면 집집마다 등불을 내거는 풍속이 생겨났다고 한다.

원소절에 등을 감상하는 풍습은 동한 명제 때 이미 시작되었다. 명제는 승려들이 부처의 사리를 보고 등불을 켜서 부처를 공경한다는 얘기를 듣고 바로 그날 저녁에 황궁과 사원에 등불을 켜서 부처를 공경하라고 명령하였는데, 그날이 바로 정월 15일이었다고 한다.

당나라 때에는 상등행사가 더욱 흥성해져서 황궁과 길거리 곳곳에 등을 매달았고 높고 큰 등 바퀴와 등 나무도 세웠는데, 기록에 의하면 높이가 대략 60여 미터에 이르는 등 나무에 5만 여 개의 등을 달기도 했다고 한다.

등의 종류는 매우 많아서 용등, 화훼등, 금수등, 역사 인물 등, 신화 이야기 등 등이 있었으며, 최근 동북 지역에서는 얼음 등, 즉 빙등이 유행한다.

우리가 흔히 '주마등처럼 스쳐간다' 고 말할 때의 주마등 역시 이 시기에 등장한 것으로, 등 위에 둥근 원반을 올려놓고 원반의 가장자리에 말이 달리는 그림을 붙여 놓은 것이다. 촛불을 밝히면 등 내부의 공기가 대류현상을 일으켜 원반이 서서히 돌아가게 되며, 이 등을 달리 走, 말 馬를 써서 주마등 (走馬燈)이라고 한다.

주마등

원소절에는 집집마다 '원소'를 먹는다. 원소는 바깥 면은 쌀가루이고 안쪽 에는 설탕 소 혹은 고기소를 집어넣은 동그란 모양의 음식으로 물에 찌거나 기름에 튀긴다.

나중에는 온 가족이 함께 모인다는 의미에서 '團員'과 발음 이 비슷한 湯員이라 불렸는데, 여기에는 또한 재미있는 사연

원소

이 있다. 즉 袁世凱 정부 시절, 한 밤중에 원소를 파는 사람들이 元(yuán) 宵(xiāo)! (원소)하고 외치는 것을 듣고, 이 말이 마치 '袁世凱 消滅(원세개는 멸망하라)'의 줄임말인 '袁(yuán)消(xiāo)'처럼 들리자, 원소라는 명칭 대신 탕원으로 부를 것을 명령하였다고 한다.

3. 단오절(端午節)

단오절은 음력 5월 5일로, 흔히 5월절이라고도 부르며, 중국에서는 초나라 애국시인 굴원(屈原)을 기념하기 위해 만들어졌다고 해서 '시인절'이라고도 부른다.

굴원은 전국시대 말기 초나라의 정치가 겸 시인으로, 진나라에 대항하기를 주장했으나 초나라 왕은 굴원의 주장을 듣지 않

굴원

고 두 번이나 굴원을 쫓아냈다. 후에 진나라 군대가 초나라의 도성인 영성을 점령하자 굴원은 비분강개하여 멱라강에 뛰어든다. 그날이 바로 기원전 278년 음력 5월 5일이다.

굴원이 강에 뛰어들자 많은 사람들이 그를 구하러 급히 노를 저어 갔으나 구할 수 없었다. 바로 이것이 유래가 되어 오늘날 중국인들은 단오절에 용주대회를 열어 굴원을 기린다.

용선제

또한 백성들은 굴원을 구하지 못하자 물고기들이 굴원의 시신을 손상시키지 않도록 하기 위하여 연이어 죽통에 쌀을 담아 강 속에 던졌다. 이것이 바로 쫑즈(粽子)의 유래이다.

이후 죽통 대신 대나무 잎이나 갈대 잎을 사용하여 찹쌀을 싸서 삼각형 형태로 끈으로 단단히 묶어서 삶아 익혔고, 이것

굴원의 시신 보호를 위해 쫑쯔를 던지는 민화

쫑쯔

이 바로 오늘날 즐겨 먹는 쫑즈가 되었다.

단오가 있는 음력 5월은 날씨가 더워지기 시작하여 각종 해충과 뱀 등이 번성하기 때문에 농민들은 일손이 바빠지게 된다. 이 때문에 중국인들은 음력 5월을 미워할 惡을 써서 오월이라 부르며 대문에 창포를 꽂고 부적을 붙이며 웅황주를 마신다. 왜냐하면 창포는 구충의 역할을 하고 창포뿌리를 말려 빚은 웅황주 역시 소독의 역할을 하기 때문이다.

4. 중추절(仲秋節)

우리의 추석인 중추절은 그 유래가 아주 오래 되었다. 고문헌의 기록에 의하면 일찍이 주나라 때 이미 풍년을 기원하기 위하여 달을 향해 절을 하는 의식이 있었다고 한다. 이후 민간

에서도 점차 달에게 제사를 지냈고, 또한 달을 감상하는 풍습
이 생겨났는데, 이것이 중추절의 유래가 되었다고 한다.

중국에서는 계절의 중간을 '仲'이라고 하는데, 음력 8월 15
일은 가을의 한가운데이므로 '仲秋'라고 부른다.

중추절에는 둥근 달의 모양을
본떠 만든 월병(月餠)을 먹는다.
이같은 풍습은 당나라 때부터
시작되었다고 한다. 월병은 '가
족이 함께 모이다'라는 의미를
지니며, 다양한 소를 넣고 아름
다운 문양을 찍어 내기도 한다.

월병

중추절은 춘절 다음가는 큰
명절이라고는 하지만 현재 중국은 중추절에 쉬지 않는다. 따라
서 과거에는 온 집안 사람들이 한자리에 모여서 중추절을 보냈
으나, 지금은 그렇지 못한다.

● 청명절과 한식

음력 24절기 중의 하나인 청명절은 양력 4월 4일이나 5일
정도에 해당된다. 예로부터 중국인들은 청명절에 성묘하는 풍
습이 있었고, 또한 교외에 나가 봄의 경치를 감상하기도 한다.
이를 '踏靑'이라고 하였고 이로 인해 청명절은 '답청절'이라고
도 한다.

청명절의 유래에 대해서는 재미있는 고사가 전해진다. 청명절은 춘추시대 진 문공인 중이가 介子推(개자추)를 애도한 것에서 비롯되었다고 한다. 기원전 655년, 중이는 왕위에 오르기 전에 계모의 음모를 피하기 위하여 개자추 등의 대신들과 떠돌이 생활을 하면서 많은 고충을 겪었다고 한다. 어느 날 중이가 굶주려 땅에 쓰러지자 개자추는 자신의 허벅다리 살을 베어내 중이에게 삶아 주었고, 중이는 회복되었다. 19년 뒤에 중이는 왕위에 올랐고, 자신을 도왔던 공신들에게 상을 내렸는데 깜빡잊고 개자추에게는 아무런 상을 내리지 않았다. 개자추는 자신의 공을 다투기 싫어 어머니와 함께 면산으로 은거해 버린다. 이 사실을 뒤늦게 안 문공은 친히 면산으로 가서 그를 찾았으나 찾지 못했다. 문공은 개자추가 효자이므로 산에 불을 지르면 자기 어머니를 위해서라도 산에서 내려올 것이라 생각하고 산에 불을 질렀지만, 끝내 개자추는 산에서 내려오지 않고 버드나무를 끌어 안은 채 불에 타 죽었다고 한다. 버드나무의 구멍 속엔 정치를 '청명'하게 해 달라는 혈서가 남겨져 있었다. 문공은 후에 개자추를 추모하기 위해 그 날을 한식절로 정하고, 이날만은 불을 지

개자추와 어머니의 고사

피지 말고 찬밥을 먹도록 하였다.

이 같은 고사는 아마도 이 시기에 많은 사람들이 성묘도 하고 교외에 나가는 시기여서 많은 산불이 났기 때문에, 화재를 줄이기 위하여 만들어졌을 가능성이 있다.

● 重陽節(중양절)과 국화주

중국인은 예로부터 홀수는 양의 수, 짝수는 음의 수라 여겼다. 양의 수 중에서 가장 큰 수인 9가 두 번 겹치는 음력 9월 9일이 바로 중양절이며, 重九節(중구절)이라고도 부른다.

이날엔 높은 가을 하늘 아래 맑은 공기를 마시며 높은 곳에 올라 경치를 관망하면서 중양떡을 먹고 국화주를 마시는 풍습이 있다. 여기에는 재미있는 고사가 있다.

동한시기, 불장방이라는 선인이 살았는데, 그에게는 환경이라는 제자가 있었다. 어느날 불장방은 환경을 불러 음력 9월 9일, 큰 재난이 닥칠 것이라고 하면서 가족 모두가 빨간 주머니에 산수유를 넣어 팔뚝에 동여 맨 다음, 높은 산에 올라 국화주를 마셔야 재난을 피할 수 있을 것이라고 하였다. 부랴부랴 집에 돌아온 환경은 스승의 충고대로 산수유를 넣은 빨간 주머니를 팔뚝에 차고 높은 곳으로 피신하였다. 저녁에 집으로 돌아와 보니 소, 양, 개, 닭 등 집에 있던 가축은 모두 죽어 있었다. 그 후 이 소문이 퍼지면서 중양절에 높은 곳에 올라 국화주를 마시는 풍습이 생겨났다고 한다.

국화는 간 기능을 강화시키고 눈을 밝게 해주며 중풍을 예방하고 열을 내리게 하는 기능이 있고, 산수유는 모기를 쫓고 벌레를 방지하며 추위를 막고 독을 없애는 약효를 지니고 있다.

산수유 열매

이 두 가지가 합쳐지면 바로 구충과 한열 예방의 효과가 있다. 아마도 가을을 맞이하여 겨울에 대비해 구충과 감기 예방을 하려는 생각이 이같은 고사를 만들어낸 것 같다.

8장

중국의 대표적 기념일

    신중국 이후 중국에서는 중국 역사에서 특별한 의미를 지니거나 기념할 만한 사건을 기리기 위하여 각 종 기념일을 제정하였다. 아래에서는 현대 중국의 기념일에 대해서 살펴보고자 한다.

1. 법정 공휴일

1) 3월 8일 부녀절(婦女節)

1924년 3월 8일, 광주(廣州)에서 중국 공산당 제1차 3·8 부녀

절 기념 회의를 개최하였고, 이후 1949년에 3월 8일을 부녀절
로 제정하였다.

　세계 여성의 날인 이 날 직장 여성에게는 하루의 휴가가 주
어지고, 최근에는 아내를 위한 날이라는 의식이 강해졌다.

● **반변천(半邊天)**

　모택동은 1949년 새로운 중국의 탄생을 알리면서, "부녀자
도 하늘의 절반을 떠받지고 있다(婦女頂着半邊天)"고 주장하였
고, 이로써 중국의 여성은 전통의 속박으로부터 벗어나게 되
었다.

2) 5월 1일 노동절(勞動節)

노동절은 '노동자들의 이상주의'를 표방하는 중국에서 큰 의미를 지닌다. 전 세계 노동자의 날인 이날 대부분의 행정 기관과 회사들은 업무를 중지하고, 일주일간 노동자들에게 휴가를 준다.

달력에는 3일 동안만 공휴일로 표시되어 있지만, 실제로는 7일 정도의 휴가를 즐기며 중국인들은 5.1절이라고 부르기도 한다.

3) 10월 1일 국경절(國慶節)

1949년 10월 1일, 모택동은 천안문 광장에서 중화인민공화국의 탄생을 선포하였고, 이후 매년 10월 1일에 경축 행사를 거행한다.

毛泽东在天安门城楼上宣告中华人民共和国
中央人民政府于本日成立.

특히 천안문 광장에서의 열병식은 많은 관광객들의 시선을 집중시킨다.

노동절과 함께 중국의 황금주(黃金周)로 불리우는 국경절에는 공식적으로는 이틀 정도만 휴일이지만, 실제로는 1주일 정도의 휴가를 즐긴다.

우리나라에 갑자기 중국인 관광객이 몰려오는 시기가 바로 5월 초와 10월 초인데, 바로 노동절과 국경절 연휴 기간이다. 만일 중국에 여행할 계획이 있다는 이 기간은 피하는 것이 좋다.

2. 기타 기념일

1) 5월 4일 청년절(靑年節)

1919년 5월 4일, 중국의 청년들은 반제국주의, 반봉건주의를 표방하며 5.4 운동을 발기하였다. 굴욕적인 파리강화조약 체결의 무효를 주장했던 이 운동은, 북경에서 시작하여 전국적으로 확산되었고, 결국 조약을 무효화하는데 큰 역할을 하였다.

이러한 전통을 계승하기 위하여 이날을 청년절로 지정하고, 각종 기념 활동을 한다.

2) 6월 1일 아동절(兒童節)

이 날은 세계 아동의 날이다. 중국 역시 이날을 아동절로 정하고, 각종 경축행사를 한다.

● 꼬마 황제(小皇帝)와 어둠의 아이들(黑孩子)

1979년 중국정부는 '한 가구 한 자녀 낳기' 산아제한 정책을 결정하고, 1980년부터 실시하였다. 다산(多産)을 가장 큰 축복으로 여기던 농경민족, 중국인들은 이후 태어난 외동딸, 외동아들을 위하여 온 가족이 분에 넘치는 사랑을 쏟아부었다. 어린 자녀들은 집안에서 황제처럼 성장하게 되었는데, 이들을 꼬마황제라고 부른다.

반면, 자녀가 이미 있음에도 불구하고 대를 잇기 위해서, 혹은 일손 확보를 위하여 몰래 두 번째, 세 번째 자녀를 출산하는 가정도 생겨났다. 이 아이들은 출생신고조차 하지 못하고, 교육의 기회마저 잃어버린 채 성장하고 있다.

이 아이들은 '어둠의 아이들'이라고 부리며, 전국에 몇 명이 있는지조차 통계내지 못하는 실정이다.

이외에도, 7월 1일은 건당절(建黨節), 8월 1일은 건군절(建軍節)이며, 9월 10일은 교사절(敎師節)이다. 교사절은 간호사의 날(護士節), 기자의 날(記者節)과 함께 3대 전문직업과 관련된 기념일이다. 비교적 최근에 사회 변화를 반영하면 지정된 기념일도 있다.

● 정인절(情人節)

양력 2월 14일, 즉 서양의 발렌타인데이이다. 중국에서도 이날 사랑하는 사람에게 꽃을 선물하며 사랑을 고백한다.

● 어머니의 날(母親節)

매년 5월 둘째 주 일요일을 어머니의 날로 지정하였다.

● **아버지의 날**(父親節)

매년 6월 셋째 주 일요일을 아버지의 날로 지정하였다.

● **솔로의 날**(光棍節)

언제부터인가 11월 11일을 애인이 없는 솔로의 날이라고 젊은이들 사이에서 불렀다. 이후 애인이 없는 젊은층이 이날 온라인 쇼핑몰에서 대량의 쇼핑을 하는 날로 변화되었다.

중국 최대의 온라인 쇼핑몰인 타오바오(淘宝)에서도 이날을 광쿤지에(光棍节)라고 부르며 많은 할인행사를 한다. 2018년의 경우, 11월 11일 하루 24시간 동안 타오바오에서만 총 35조의 매출을 올렸다고 한다.

9장

중국의 음식문화

　색, 향기, 맛, 모양, 그리고 담아내는 그릇이 함께 어우러져 이뤄내는 중국의 음식문화는 이미 전 세계적으로 명성을 떨치고 있다. 이러한 중국음식은 각지의 생활 습관과 전통풍습의 차이로 인하여 조리법이나 먹는 방식에도 서로 다른 특징을 가지게 되었다. 다음에서 많은 특징을 가지고 있는 중국의 음식문화를 살펴보기로 한다.

1. 중국 요리의 일반적 특징

옛 문헌인『한서(漢書)』에는 "백성이 먹는 것을 하늘처럼 여긴다"는 말이 있다. 즉 사람이 살아가는데 있어 가장 중요한 것은 먹는 것이고, 따라서 백성들이 배불리 먹을 수 있도록 하는 것이 통치의 관건이라는 뜻이다.

최근 중국 지도층이 '小康社會(의식주를 걱정하지 않고 살 수 있는 사회)'를 추구하는 이유 역시 백성들을 굶주리지 않도록 하는데 있다고 해도 과언이 아닐 것이다.

중국인들은 광활한 영토와 기후 및 지리적 자연환경의 차이 등으로 인하여 다양한 식재료를 사용하고 있다. 그래서 하늘에서는 비행기, 바다에서는 잠수함, 육지에서는 책상을 제외하고는 모든 것을 이용해서 음식을 만든다는 우스갯소리가 있을 정도로 중국인들이 사용하는 식재료는 상상을 초월한다.

예를 들어 중국에는 고대 주나라 이래로 궁중에 팔진요리(八珍料理), 즉 여덟 가지 진귀한 요리가 있었는데 원숭이 입술, 사슴 목줄, 낙타 발굽, 낙타 혹, 표범 아기보, 잉어 꼬리, 매미 배, 곰 발바닥이 바로 그것이다.

이처럼 중국음식은 다양한 종류와 요리법, 풍부한 재료와 향신료 등으로 세계적인 명성을 얻고 있는데, 음식의 종류가 너무 많아 중국인들조차 먹어보지 못한 음식이 매우 많다. 이런 이유로 중국인들은 음식을 주문하는 일을 '하나의 학문'이라고까지 말하고 있다.

요리는 각 나라의 기후, 지리적 특성, 민족성 등 여러 가지 요인에 따라 각양각색의 특징과 형태를 가지고 발전한다. 특히 중국요리는 넓은 영토로 인해 지역마다 맛의 특징이 뚜렷하게 구분되는데, 그 지역의 자연 조건에 맞게 특색 있는 요리를 발전시켜 왔다.

일반적으로 민간에서 중국 음식의 독특한 맛을 지역별로 말할 때 동랄, 서산, 남첨, 북함(東辣·西酸·南甛·北鹹)으로 표현한다. 이 말은 동쪽 음식의 맛은 고추를 많이 써서 맵고, 서쪽은 식초를 많이 써서 시며, 남쪽은 설탕을 많이 넣어 달고, 북쪽은 소금을 많이 넣어 짜다. 물론 이는 각 지역의 상징적인 음식의 맛을 포괄적으로 표현한 것으로, 그 미묘한 맛의 차이를 한 마디로 구분하기는 어렵다.

또한 중국인들은 예로부터 음식을 건강의 기본으로 여겼다. 음식을 통해 몸을 보신하고 병을 예방하며 치료하고 건강하게 오래 살 수 있다고 생각한다. 곰, 자라, 고양이, 들쥐 등을 비롯하여 살아 있는 것은 무엇이든 요리의 재료로 삼고 있는 중국 음식은 불로장생 사상과 밀접한 관계를 가지고 발전했다.

그리하여 중국인들은 일상생활 속에서 식의동원(食醫同源), 즉 약과 먹는 것은 뿌리가 같다. 음화식덕(飮和食德), 즉 마시고 먹는 일은 덕이다라는 생각을 하며 음식을 먹었다. 아래에서 중국 요리의 특징에 대해서 살펴보기로 한다.

우선 중국요리는 재료의 선택이 매우 자유롭고 광범위하다. 즉 닭을 예로 들면 살코기뿐만 아니라 닭 껍질, 날개 끝, 벼슬, 발까지 요리 재료로 사용한다. 돼지의 신장, 집오리의 혓바닥도 맛있는 요리 재료의 하나이고, 오리를 재료로 한 요리도 50가지가 넘는다. 뿐만 아니라 말린 제비집이나 상어 지느러미 같은 재료는 주나라 때부터 요리에 이용되기 시작하였다.

둘째는 맛이 다양하고 풍부하다는 점이다. 중국인들은 단맛, 짠맛, 신맛, 매운맛, 쓴맛의 다섯가지 맛 외에 향과 냄새를 복잡 미묘하게 배합한 요리를 만들어 냈는데, 이러한 중국요리의 다양한 맛은 전 세계의 어떤 요리에서도 맛볼 수 없는 것이 많다.

셋째는 기름을 사용하지 않는 것이 거의 없다고 할 정도로 기름에 튀기거나 볶거나 지진 요리가 대부분이다. 또한 적은 재료를 가지고 독특한 방법으로 재료의 맛을 살리면서 영양분이 파괴되지 않도록 요리하는 것도 특징이다. 즉 고온에 단시간 가열하고 기름에 파, 마늘, 생강 등의 향신료를 넣어 독특한 향을 낸다.

넷째는 중국요리에 사용되는 조미료와 향신료의 종류가 다양하며 많은 요리에 사용되어 냄새도 제거하고 맛을 더욱 풍부하게 한다는 점이다. 일반 식당에서 사용하는 양념의 종류만해도 50여 가지가 되고, 조미료의 종류도 500여 종에 이른다. 중국요리의 맛이 독특하고 풍부한 것도 이처럼 많은 종류의 조미료와 산초, 계피, 파, 마늘 등의 향신료를 적절히 사용하기 때문이다.

다섯 번째는 조리법이 다양하여 요리와 관련된 용어만 해도 100여 개가 넘는다는 점이다. 일반적으로 많이 사용하는 조리법으로는 국요리인 탕, 기름에 볶는 차오, 기름에 튀기는 짜, 팬에 약간의 기름을 넣고 지지는 쩬, 직접 불에 굽는 카오, 주재료에 액체를 부어 쩌내는 뚠, 튀긴 다음 달콤한 녹말 소스를 얹어 만드는 리우, 훈제하는 쉰, 쩌내는 쩡 등이 있는데, 이 중에서도 특히 볶는 방법인 차오를 가장 많이 사용한다.

여섯 번째는 불의 세기가 매우 중요하다는 점이다. 즉 중국 요리는 불의 세기와 볶는 시간에 따라 요리의 성패가 달려 있다. 불의 세기나 성질에 따라 중화, 소화, 미화, 비화, 왕화, 맹화 등으로 나뉜다.

일곱 번째는 중국의 조리 기구가 요리의 종류에 비하여 놀라울 정도로 종류가 적다는 점이다.

마지막으로는 외양이 풍요롭고 화려하다는 점이다. 즉 중국 요리에는 몇 인분이라는 개념이 별로 없어서 한 사람 앞에 적당한 분량을 담아내는 것이 아니라 한 그릇에 전부 담아낸다. 먹을 사람이 많아지면 요리의 양이 아니라 가짓수를 늘리는 것이 보통이다. 그만큼 한 그릇에 담겨진 하나하나의 요리가 풍요롭게 보이며 화려한 장식이 곁들여져 예술품이라는 느낌을 준다.

2. 중국의 4대 요리

중국의 요리는 넓은 땅만큼이나 그 요리의 종류도 많고 예로 부터 각 지역마다 독특한 음식문화가 형성되어 그 전통의 맛이 지금까지도 유지되고 있다. 예를 들어 산동(山東) 요리인 노채 (魯菜), 사천(四川) 요리인 천채(川菜), 강소(江蘇) 요리인 소채(蘇菜), 광동(廣東) 요리인 월채(粤菜), 북경(北京) 요리인 경채(京菜), 상해(上海) 요리인 호채(滬菜), 복건(福建) 요리인 민채(閩菜), 호남(湖南) 요리인 상채(湘菜), 호북(湖北) 요리인 악채(鄂菜), 절강 (浙江) 요리인 절채(浙菜), 안휘(安徽) 요리인 환채(皖菜), 섬서(陝西) 요리인 진채(秦菜) 등이 있다.

그리고 이 밖에도 다양한 소수민족의 고유한 음식 문화까지 포함한다면 중국의 지역별, 민족별 음식 분류는 더욱 다양할 것이다. 아래에서는 가장 일반적으로 사용하는 4대 요리를 중심으로 살펴보고자 한다.

1) 북경요리

북경요리는 황하유역을 대표하며 京菜(징차이)라고도 한다. 북경은 중국의 정치, 경제, 문화의 중심지로 음식 역시 전국 각지의 맛의 특색들을 모아서 이루어졌다. 특히 산동음식과 북방 소수민족의 조리 기법을 받아들여 자신들만의 풍격을 일궈냈다.

북경음식의 특징 중에 하나
는 한랭한 북방기후에 어울리
는 다양한 요리들이다. 예를
들어 쇄양육, 즉 涮羊肉로 대
표되는 중국식 신선로 요리가
유명하다. 주로 입추가 지난
이후에 사람들이 즐겨 찾는
데, 이때가 바로 양고기의 맛
이 가장 좋을 뿐만 아니라 기

쇄양육(涮羊肉)

온도 내려가서 따뜻한 음식이 제격이기 때문이다. 얇게 썰어놓
은 양고기나 소고기를 야채와 함께 살짝 익혀 장에 찍어 먹는
맛은 가히 일품이라고 한다. 이렇게 고기를 다 먹은 뒤에는 남
아있는 진한 육수에 녹말로 만든 당면을 넣어 끓여 먹는 것으
로 마무리한다.

이 밖에도 북경에는 옛날 황제의 식사를 준비하던 어선방(御
膳房)에 기원을 두고 있는 구운 음식 역시 유명하다. 그중에서
도 구운 오리구이 요리인 베이징 카오야(北京烤鴨)는 우리에게
도 이미 널리 알려져 있다.

● 베이징 카오야(北京烤鴨)

1368년 명나라를 세운 주원장이 어느 날 우연히 수라상에
올라온 오리구이를 맛본 후 크게 감탄하였는데, 그때까지만 해

도 카오야는 베이징카오야가 아니라 난징(南京)카오야, 즉 남경을 대표하는 요리였다. 그러나 이후 명나라가 수도를 북경으로 옮기면서 난징카오야도 황실과 함께 북경으로 따라 올라와 황제가 즐겨 먹는 궁중음식이 되었고, 명칭도 베이징카오야로 바뀌게 된 것이다.

또한 중국 역사상 가장 이름난 미식가로 알려진 청나라 건륭제가 1761년 3월 5일부터 17일까지 13일 동안 여덟 번이나 오리구이를 먹었다는 기록이 있을 정도로 오리구이는 중국에서 명성이 높다.

베이징카오야는 통째로 잘 구워져 붉은 빛의 광채를 띄는 오리의 껍질과 속살을 얇게 썰어서 티엔장을 발라 파와 함께 얇은 피에 싸서 먹는다.

현재 중국에서 가장 유명한 카오야 전문식당은 100여 년의 역사를 자라하는 취엔쥐더어(全聚德)카오야, 즉 전취덕카오야이다. 중국 전역에 약 100개의 분점이 있으며 외국에도 그 명성이 널리 퍼져 있다.

주방장이 직접 구운 오리를 가져와서

통째로 굽고 있는 오리. 전취덕이란 표지가 보인다.

손님들 앞에서 얇게 썰어주고 그날 먹은 오리가 전취덕이 오픈한 이후 몇 번째 오리인가를 증명해주는 증서를 주는 것이 매우 인상적이다.

전취덕에서 발급해준 오리 증명서

베이징 카오야

2) 상해요리

상해 요리는 중국의 중부지방인 남경(南京), 상해(上海), 소주(蘇州), 양주(揚州) 등지의 음식으로 구성된다. 그중에서도 대표격인 상해음식은 중국 각지와 서양음식의 조리법이 가미되어 이루어졌다. 즉 지리적으로는 장강(長江) 삼각주 평원에 위치하고 있어서 기후가 온난하며, 이로 인해 사철 푸른 채소를 접할 수 있으며 또한 바다를 접하고 있어서 해산물이 풍부하다. 담백한 맛을 위주로 하고 있으나 시고 맵고 달콤한 여러 가지 맛이 배합되어 적절한 조화를 이룬다.

특히 19세기부터 밀어닥치기 시작한 서유럽의 국가들은 상해에 조계를 다투어 설치하였고 이러한 외세의 입김은 결국 요리에까지 영향을 미쳐 상해요리는 중국의 요리 가운데 서방의 영향을 많이 받은 요리로도 유명하다.

돼지고기에 진간장을 써서 만드는 紅燒肉

상해요리는 간장과 설탕을 사용하여 달콤하게 맛을 내며, 기름기 많고 진한 것이 특징이다. 한 마리의 생선을 가지고 머리에서 꼬리까지 조리법과 양념을 달리해서 맛을 내는 생선요리도 일품이다.

바닷게로 만드는 芙蓉靑蟹

오징어를 볶아서 만든 爆烏花

찹쌀과 8가지 신선한 말린 과일을 쪄서 만든 八寶飯

두부로 만든 什錦砂鍋豆腐

꽃모양의 빵인 花券

찹쌀과 8가지 신선한 말린 과일을 쪄서 만든 八寶飯

해삼을 조리한 蝦子大烏參

3) 사천요리

성도(成都)와 중경(重慶) 등의 도시를 중심으로 발달한 사천요리는 추안차이(川菜)라고도 하며, 그 독특한 매운맛으로 우리에게도 잘 알려진 요리이다.

예로부터 중국의 곡창지대로 알려진 사천분지는 사계절 다양한 산물을 제공함으로써 많은 종류의 음식을 만들어 내게 하였다. 사천지역은 분지지역으로 티벳과 가까우며 바다에서 멀어 추위와 더위가 심한 지방이다. 그래서 식욕을 돋우기 위하여 마늘, 파, 고추(辣椒), 후추(胡椒), 산초(花椒), 생강 등을 많이 사용하는 매운 요리가 발달되었다.

● 마파두부의 유래

대표적인 사천요리로는 다진 고기를 이용한 麻婆豆腐

지금부터 약 180년 전에 사천성 성도 근교에 진춘부(陳春富)라는 청년과 그의 아내 유씨(劉氏)가 살고 있었다. 마을에서 이들 부부는 두부 음식과 같은 소식(素食)을 파는 작은 가게를 운영했는데 손님이 원하면 특별히 고기를 사다가 요리를 하기도 했다.

유씨는 음식 솜씨가 좋을 뿐만 아니라 항상 웃는 얼굴로 손님을 맞이하여 찾는 이가 많았다. 유씨는 손님들의 입맛에 맞는 음식을 만들기 위해서 항상 노력했는데 특히 네모 모양으로 작게 썬 두부와 다진 고기를 함께 넣어 만든 요리는 많은 이들의 입맛을 사로잡았다.

유씨는 어려서 천연두를 앓아서 얼굴이 곰보였다. 그래서 사람들은 자연스럽게 그를 '곰보 아주머니'라 하였고 세월이 지나서는 '곰보 할머니(麻婆)'라고 불렀다. 이처럼 유씨가 만든 두부 요리가 유명해지자 '곰보 할머니 두부요리'라는 의미의 마파두부의 명칭을 얻게 되었다.

회교도의 양고기 요리인 羊肉鍋子

새우고추장볶음인 干燒明蝦

닭 가슴살과 땅콩, 말린 고추를 주재료로 해서 볶아
만든 宮保鷄丁

어린 닭과 은행을 주재료로 삶고 쪄서 양념장을 얹어
먹는 白果燒鷄

　최근 들어 한국에서도 사천요리의 매콤함을 느낄 수 있는 火
鍋(훠궈)가 유행하고 있다.

매운맛과 덜 매운맛을 동시에 맛보는 鴛鴦火鍋

4) 광동요리

　광동은 중국에서 먹는 것에 대해 가장 신경 쓰는 지역으로
정평이 난 곳으로 광주(廣州)와 조주(潮州) 그리고 동강(東江) 지
역의 요리를 중심으로 구성된다.

　예로부터 광동(廣東)과 광서(廣西) 지역은 중원(中原)과의 교
류 및 해외 통상(通商)으로 인하여 다양한 외래 음식 문화의 정
수를 흡수하였다. 특히 광주는 주강(珠江) 삼각주에 위치하여
일찍부터 수륙교통이 발달한 중국 남부 교역의 중심지로 중국

대표적인 요리로는 구운 돼지고기인 叉燒

에서 가장 먼저 대외 통상을 실시한 개항지이다.

따라서 각지에서 몰려든 상인들과 더불어 다양한 음식문화가 모이는 집결지가 되었고 일부 음식에는 서양식 조리법이 새롭게 가미되기도 하였다. 이처럼 광동 지역은 기후가 따뜻하고 물산이 풍부한 동남 연해(沿海)지구에 위치하고 있어서 접할 수 있는 식용 동식물의 종류가 풍부하다.

사천 지역과는 달리 광동은 맵지 않게 원재료의 담백한 맛을 살려내는 요리 위주로 이루어져 있다. 특히 광동음식에 사용되는 재료는 대단히 특이하여 일반적인 육류 이외에도 뱀, 개, 쥐, 참새, 고양이, 거북이, 원숭이 등과 같은 다양한 살아있는 야생 재료를 주로 사용하기도 한다. 그래서 청대 후기에 이르러 이미 식재광주(食在廣州)라는 칭송을 받아왔다.

돼지 발을 주원료로 해서 부드럽고 물렁물렁해질 때까지 물에 넣

광동식 탕수육인 咕咾肉

고 끓인 후 꺼내서 시원한 곳에
서 말린 후 양념을 넣고 차게 무
쳐서 먹는 白云猪手 등이 있다.

3. 대표적 밀가루 음식

白云猪手

장강 이북에서는 기후요인으로 벼농사가 어려웠고 대신 밀
이 많이 생산되었기 때문에 주식을 밀로 하였으며, 이에 따라
밀가루 음식이 발달하였다.

밀가루 음식은 고대에는 가공이 불편하여 많이 보급되지 않
았으나 춘추전국 시대에 맷돌이 발명되고 위진남북조시대 이
후 서역에서 발효기술이 전래된 이후로 밀가루 음식이 급속하
게 보급되었다.

중국의 대표적 밀가루 음식

1) 병(餠 : 삥)

餠(병)은 중국어로는 '삥'이라
부르며, 밀가루를 얇게 부쳐 그
속에 갖가지 소를 넣어 싸먹는
음식이다. 요즘도 대도시의 아침
식사로 즐겨 선호되고 있다.

煎餠(지엔삥) - 칼로 자른 餠

아침 출근시간에만 餠을 파는 포장마차가 영업을
한다.

手抓餠 - 손으로 들고 먹는 餠이란 의미의 쇼우쥬아뼁

2) 국수(麵條 : 미엔티아오)

국수의 등장은 밀가루 음식의 새로운 전환을 의미한다. 국수
는 대략 한나라 이후에 발달한 것이다. 한나라 때는 국수를 湯
餠이라고 불렀는데, 당시의 탕병은 지금의 국수와는 달라서 손
으로 떼어 낸 일종의 수제비와 같은 것이었다. 떼어 낸 밀가루
조각의 얇은 모양이 마치 나비와 같다고 해서 胡蝶湯이라고도
불렀다. 오늘날과 같은 국수가 나오기 시작한 것은 송나라 이
후로 원나라 때는 국수를
선물로 주고받을 정도로
유행했다.

178

● 우리나라의 잔치국수

우리나라의 경우에도 예전에는 국수가 잔칫날에만 먹을 수 있는 귀한 음식이었다. "국수 언제 먹여줄 거야?"라는 말이 "언제 결혼할 거니?"라는 의미로 쓰이는 이유도 결혼식 같은 중요한 날에 먹을 수 있는 음식이 국수였기 때문이다. 그래서 '잔치국수'라는 이름이 붙여졌다.

● 擔擔麵(딴딴미엔)

최근 우리나라에도 중국의 탄탄면(擔擔麵)이 많이 알려졌다. '탄탄'은 '(짐을) 짊어지다'라는 뜻으로, 청나라의 면 장수가 한쪽 통에는 국수를, 다른 한쪽 통에는 소스 등이 담긴 통을 어깨에 지고 다니며 팔았던 것에서 유래되었다.

사천지역의 대표적인 면 요리로 돼지 뼈나 닭고기로 육수를 우려내고 면과 함께 땅콩가루, 참깨가루, 청경채, 볶은 돼지고기 등을 듬뿍 넣어 삶는다.

지역에 따라 국물 없이 소스를 면에 얹어 비벼먹기도 하고, 국물이 많은 湯麪(탕면)으로 먹기도 한다.

● 長壽麵(창쇼우미엔)

우리나라에서는 생일날 미역국을 먹지만 중국 사람들은 생일날 장수면을 먹는다. 만드는 방법은 지역마다 조금씩 다르지만 주로 국물이 있는 湯麵으로 먹으며, 중요한 것은 면을 먹을 때 젓가락으로 면을 끊는다든지, 입으로 잘라서 먹으면 안 된다는 점이다. 이는 한 그릇의 국수를 한 번에 끝까지 먹어야 장수를 한다는 풍습이 있기 때문이다.

이 밖에 소고기 국수인 우육면(牛肉麵)도 중국인들이 즐겨 먹는데 그중에서도 감숙성(甘肅省)의 성도(省都)인 란주(蘭州)에서 맛볼 수 있는 란주라면(蘭州拉麵)이 가장 유명

하다. 그러나 일반적으로 중국인들에게 국수의 고향으로 알려진 곳은 산서성(山西省)으로 조사에 의하면 그 종류만도 280여종에 달해 국수 요리만으로 잔치를 벌이기도 한다.

3) 만두(饅頭: 만토우)

만두의 원래 명칭은 蒸餅으로, 예전에는 부들부들한 맛 때문에 매우 호화롭고 비싼 음식이었다.

중국의 만두는 우리나라의 만두
와는 완전히 달라서 만두 속에 아
무것도 없다. 간단히 발효된 밀가
루빵이라고 생각해도 된다.

● 만두와 제갈공명

제갈공명이 남쪽 지방을 정벌하러 나섰을 때 남만 오랑캐의
우두머리인 맹획을 일곱 번 잡았으나 모두 풀어주었다고 한다.
이후 군사들이 노수를 건너려 하는데 물살이 거칠어서 도저히
건널 수가 없었는데 그때 그곳 사람들이 말하길 오랑캐의 머
리 49개를 수신에게 제물로 바쳐야 무사히 강을 건널 수 있다
고 하였다. 차마 무고한 사
람을 죽일 수 없어 고심하
던 제갈공명은 요리사를 불
러 밀가루를 반죽하여 사람
의 머리 모양을 만들어 강
에 던지고 제사를 지냈고,
그러자 물살이 가라앉았다.
결국 맹획은 제갈공명의 덕
망에 감복하여 촉한에 투항
하였고, 이후 이 음식이 민

간에 널리 퍼지게 되었는데, '오랑캐의 머리'라는 뜻으로 灣頭라고 썼으나 이후 음식 이름으로 적당하지 않다고 여겨 발음이 같은 다른 글자로 바꿔 오늘날에는 饅頭라고 쓴다.

4) 포자(包子 : 빠오즈)

만두는 소가 없지만 포자에는 다양한 소가 들어간다. 모양 역시 비교적 다양해서 우리나라의 왕만두 모양의 포자도 많이 있다. 아래에서 대표적인 포자 몇 가지를 소개하고자 한다.

포자

(1) 상해의 小籠包(샤오롱빠오)

小籠은 빠오즈를 찌는 대나무로 만든 작은 용기라는 뜻이며 먹을 때는 醋(츄)라는 중국 식초를 가미한 연한 양념장에 찍어 먹으면 더 맛이 있다. 또한 샤오롱빠오는 안에 뜨거운 국물이 들어있기 때문에, 먹을 때는 먼저 젓가락으로 구멍을 내서 뜨

거운 김을 빼내고, 그 다음 빠오즈 안의 국물을 숟가락에 따라
내 마신 뒤 마지막에 빠오즈를 양념장에 찍어 먹어야 한다.

(2) 천진의 狗不理(꼬우뿌리)包子

　1858년 청나라시기에 한 청
년이 천진에 만두집을 열었는
데, 맛이 너무 좋아 소문이 퍼지
면서 손님이 늘었다. 부친은 이
청년이 어렸을 때 오래 살라는
의미로 '狗子(강아지)'라고 불렀
는데, 성장하고 난 후에도 집에서는 여전히 '狗子(강아지)'라고
불렀다.

　장사가 너무 잘되어 청년은 너무 바빴고, 이에 손님을 못 챙
기자, 손님들은 "狗子賣包子, 不理人(꼬우즈는 빠오즈를 팔 때 손님

을 거들떠보지 않는다)"라고 떠들기 시작했고, 이를 줄여서 이 빠오즈의 이름은 狗不理(꼬우뿌리)가 되었다.

5) 교자(餃子)

우리는 '만두'라고 부르지만 중국에서는 餃子(지아오쯔)라고 부른다. 또한 우리의 물만두는 '水餃'(슈에이지아오)라고 한다.

우리의 만두와 비교해 보면, 속에 아주 다양한 재료가 들어간다는 점이다. 소고기, 돼지 고기, 양고기 등 여러 육류와 새우, 게살 등의 해산물, 부추, 파, 양파 등의 채소를 가득 채운 중국의 만두, 지아오즈는 중국인들이 식사로도 많이 먹는 일상 음식이다.

교자

● 餛飩(훈뚠)

만두피를 아주 얇게 빚고, 그 안에 각종 고기나 새우 등을 소로 넣어 물에 삶아 탕처럼 먹는 음식으로 모양은 우리의 물만두와 비슷하다. 훈뚠은 중국 사람들이 간단히 식사대용으로 먹는 일상적인 음식이다.

● 點心(딤섬)

작은 대나무 찜통에 각종 재료를 소로 한 작은 餃子나 包子를 넣어 쪄 먹는 음식이다. 흔히 '딤섬'이라고 부르는데 이는 광동어 발음이고 중국의

표준어로는 '디엔신'이라고 발음한다.

4. 중국 음식과 몇 가지 풍습

1) 동짓날 개고기

지역에 따라서는 동짓날 개고기를 먹는 풍습이 있다. 여기에
는 유래가 있다. 즉 진나라 말기의 번쾌라는 인물은 어려서부
터 개를 잡아 생계를 유지하다가 후에 유방을 따라 한나라 건
국을 도왔다. 어느 해 동짓날 한고조 유방이 지쳐 쓰러졌는데
번쾌가 끓인 개고기를 먹고는 기력을 금새 회복했다고 한다.
그때부터 민간에서도 동짓날 개고기를 먹는 풍습이 생겼다.

2) 여성과 식초

중국에는 여성이 식초를 많이 먹으면 질투심이 강하다는 속
설이 있다. 여기에는 재미있는 고사가 있다. 당나라 태종 때 임
환이라는 대신이 있었는데, 공이 많아 태종이 궁녀 두 명을 하
사했다. 그러나 임환은 아내의 질투가 두려워 궁녀들을 집으로
데려가지 못하였다. 이에 태종은 임환의 아내를 궁으로 불러
질투를 하지 말라고 훈계를 하고, 만약 궁녀를 받아들이지 못
하겠으면 이 사약을 마시라고 하였다. 이에 임환의 아내는 조
금의 망설임도 없이 사약을 마셨는데, 사실 이 약은 사약이 아

니라 식초였다. 이후로 여성이 질투를 한다는 것을 식초를 먹는다고 표현한다.

3) 중국의 짜장면과 한국의 짜장면

일반적으로 중국 음식하면 가장 먼저 떠오르는 것이 짜장면이다. 많은 사람들이 중국에도 짜장면이 있는가를 궁금해 한다. 결론부터 얘기하자면 중국에도 짜장면은 있지만 우리나라에서 먹는 짜장면의 맛과는 상당한 차이가 있다.

한국식 짜장면은 검은 빛깔의 달콤한 장을 면 위에 얹어 먹는 반면, 중국식 짜장면은 된장 빛깔의 짠맛의 장을 얹어 먹는다. 우리나라에 짜장면이 들어온 것은 대략 임오군란 전후로 추정된다. 대원군이 혼탁한 정세를 해결하기 위해 청나라에 군대를 요청하였고, 당시 조선과 가장 가까웠던 산동지역의 군

짜장면을 일품 메인 요리로 하는 전국망 체인점

중국식 짜장면

인들이 인천항에 들어오게 된
다. 이때 군인의 가족, 장사꾼
등 많은 청나라의 산동출신
중국인들이 인천에 모여들었
는데, 임오군란이 잠잠해 진
후 정식 군인들은 청나라로
돌아갔으나, 많은 산동인들이
인천에 남게 된다.

이렇게 정착한 중국인들이 산동식 짜장면을 퍼트리기 시작
하였고, 이후 우리 입맛에 맞게 지금과 같이 개량하여 1905년
인천 차이나타운의 화교가 운영하던 중국 음식점인 공화춘에
서 처음 선보이며 인천항 부두 노동자들 사이에서 큰 인기를
끌게 되었다.

이처럼 중국의 짜장면은 우리나라로 들어와서 한국인의 입맛에 맞게 정착되어 지금은 남녀노소 누구나 즐기는 가장 대중적인 음식으로 자리잡게 된 것이다. 통계에 의하면 짜장면은 전국의 중국집 2만 5천여 곳에서 하루 평균 720만 그릇씩 팔린다고 한다.

짜장면의 중국식 표기는 炸醬麵으로 그 뜻은 장을 볶아서 얹은 국수라는 뜻이다. 중국어로는 짜지앙미엔인데, 산동식 발음이 전화되어 짜장면이 되었다.

4) 만한전석(滿漢全席)

친수성찬의 의미로 많이 사용되는 '만한전석'은 청대의 황제들이 귀족과 대신들에게 국가의 경사가 있을 때 태화전(太和殿)에서 베풀던 연회를 말한다. 만한전석은 만주족의 요리인 滿席과 한족의 요리인 漢席으로 나뉘는데, 만석의 특징은 대부분이 떡이나 과자와 같은 간식과 과일 위주라는 점이며, 한석에서 비로소 육류의 요리가 차려진다. 이처럼 만주풍과 한족풍의 요리들이 합쳐진 각양각색의 궁중 호화연회석을 만한전석이라고 하는데, 청나라의 강희제는 "만한전석은 단순한 산해진미가 아니다. 이는 음식을 극진히 대접함으로써 벗이 되고자 하는 노력이다"라고 말했다. 즉 만한전석은 단순히 이 아리라 만주족이 한족과 화합하고자 했던 노력의 표현된 것으로 볼 수 있다.

　만한전석 중 모든 요리는 한 세트씩 정해진 순서에 따라 나오며, 연회는 하루 두 번씩 사흘에 걸쳐 진행되는 것이 보통이다. 한 차례는 네 개의 세트로 구성되어 있으며, 세트마다 주된 요리 하나에 네 개의 보조요리가 따라 나온다. 따라서 한 차례에 20여 가지의 주요리와 보조요리가 나오는 셈이며, 여기에 찬 음식, 건과류, 꿀전병[蜜餞], 간단한 음식[點心], 과일 등을 더하면 모두 30~40가지가 된다. 연회가 보통 사흘 동안 진행되므로, 한 번의 만한전석에서 사용되는 요리는 100가지가 넘는다.

5) 불도장(佛跳牆)

황실과 관련된 재미있는 고사
로 유명한 복주(福州) 지방의 요리
중에 '불도장'이 있다. 이는 산해
진미에 싫증을 느낀 황제가 궁중
요리사에게 더 이상 새로운 요리
를 만들어내지 못하면 쫓아내겠
다고 엄명을 내리자 요리사는 고
심 끝에 각종 신선한 재료를 단지
에 모아 넣고 조리하였는데, 그
향기가 어찌나 좋던지 궁궐 옆에
서 오랜 세월 수행하던 늙은 승
려마저 담에 올라가 쳐다보았다
고 한다. 그래서 이를 본 요리사
가 이 요리의 이름을 '승려가 담
장을 뛰어 오른다'는 의미로 '불
도장'이라고 지었다. 즉 佛은 승
려, 跳는 뛰어 넘다, 牆은 담장이
란 뜻이다.

불도장

요리법은 일반 탕류와 비슷하지만 사슴힘줄, 오골계, 샥스핀, 말린 생선 부레, 말린 전복 등 귀한 재료가 듬뿍 들어간 고급 요리이다.

6) 취두부(臭豆腐)

취두부는 그 이름처럼 '냄새나는 두부'라는 뜻이다. 대만(臺

灣)의 길거리에서는 기름에 노란빛으로 튀겨낸 두부를 볼 수 있는데 보기에는 먹음직하지만 그 냄새는 코를 찌른다. 이는 두부를 일정 시간 발효시켰기 때문인데 악취에 겁먹지 말고 한 입 물면 두부 특유의 고소한 맛을 느낄 수 있다.

취두부의 탄생에 대해서는 전해지는 이야기가 있다. 청나라 강희제 때, 안후이성에서 과거시험을 보러 북경으로 올라온 왕치화는 과거에 합격하지 못하고 그만 낙방하게 되었다. 그는 자존심이 강한 사람이라 고향으로 돌아갈 면목이 없었다. 그래서 그는 고향으로 내려가지 않고 북경에서 두부장수를 하게 되었다.

개업한 지 얼마 안 되었는데, 설상가상으로 비는 구질구질 내리고 두부는 전혀 팔리지 않았다. 며칠이 지나 두부는 곰팡이가 피어 있었다. 밑천까지 날리게 될 판이었다. 생각하던 끝에 그는 곰팡이가 핀 두부를 소금물에 절였다. 그 후 두부는 푸른색으로 변했고 먹어보니 맛이 특이했다. 그는 처우더우푸 간판을 내걸고 팔기 시작했다. 한 번 산 사람은 다시 사러 올 정도로 그의 가게는 손님이 끊이지 않았고 온 장안에 소문이 자자했다. 얼마 지나지 않아 이 음식은 황제의 식단에까지 들어가게 되었다.

요즘엔 절인 야채와 곁들이거나 간장에 찍어 먹으며 매운 국물에 넣고 끓이는 마랄(麻辣) 취두부도 있다.

7) 훠궈(火鍋)

일반적으로 큰 냄비(鍋)에 육수를 넣고 끓인 뒤 여러 가지 재료를 그 자리에서 익혀 먹는 샤브샤브를 훠궈라고 부르는데, 사천성 훠궈가 가장 유명하다. 중국식 샤브샤브는 원래 한족의 음식이 아니라 몽고족의 음식이었다.

원나라 황제가 중원에서 전쟁하던 중 북방에서 먹던 양고기 요리가 생각나 이를 만들고자 했다. 그러나 그때 적군의 진격이 시작됐다는 첩보가 왔고, 요리할 시간이 부족해진 주방장은 양고기를 얇게 썬 뒤 끓는 물에 데친 뒤 황제에게 가져다주었다.

황제는 이를 급히 먹고 전투를 치렀는데, 전투가 끝난 후에도 주방장이 급히 건네 준 이 음식의 맛이 생각나 주방장에게 상을 내렸다고 한다. 이 요리가 오늘날 중국식 샤브샤브, 훠궈의 유래이다.

중국인들은 주로 매운 육수에만 재료를 익혀 먹지만, 요즘에는 위의 그림처럼 매운 맛과 안 매운 맛의 육수가 같이 있는 훠궈도 많이 먹는다. 이를 보통 紅白 혹은 鴛鴦이라고 부른다.

8) 마라탕(麻辣燙)

사천식 샤브샤브를 간단히 먹을 수 있도록 개량한 국수의 한 종류로 볼 수 있는데 麻는 저리다, 辣는 맵다는 뜻으로 '얼얼하고 매운 탕'이라는 의미이다. 화자오(초피), 팔각, 정향, 회향 등을 넣고 만든 향유에 고춧가루와 두반장을 넣고 육수를 부은 다음, 각종 채소와 고기, 면, 두부, 완자 등을 원하는 대로 넣고 만드는 중국의 서민 음식이다. 2010년대 들어 중국인들을 대상으로 한 전문 음식점들이 늘어나면서 한국인에게도 이름이 알려지기 시작했는데, 최근에는 마라탕의 얼얼한 매운맛이 2~30대를 중심으로 유행처럼 인기를 끌고 있다.

9) 양꼬치(烤羊肉串)

요즘 우리나라에서
도 많이 팔리는 양꼬치
는 중국의 대표적인 길
거리 음식 중의 하나이
다. 하지만 본래 한족들
은 양고기를 잘 먹지 않았고, 원나라 이후 베이징에 남은 몽고
인들이 양꼬치를 중국 요리에 맞게 개량해 판매한 것에서 유명
한 베이징 양꼬치가 탄생했다.

지금은 중국 전체에서 친숙한 음식이 되어서 웬만한 거리에
가게가 있다.

5. 현대 중국인의 식사법

일반적으로 중국인들이 가장 중시하는 식사는 저녁이며 아
침 식사는 비교적 간단하다. 출근시간 무렵이면 중국의 길거리
에서는 아침을 파는 간이 식당을 쉽게 볼 수 있다. 중국인들이
가장 보편적으로 즐기는 대표적인 아침 식사 중에 하나는 꽈배
기 모양의 유조(油條:요우티아오)와 두장(豆漿:또우장)이다.

요우티아오는 밀가루를 빚어서 기름에 길쭉한 모양으로 튀
겨서 만든 것이고 또우장은 콩을 갈아서 만든 두유(豆乳)의 일

종으로 찬 것과 따뜻한 것이 있다. 이러한 요우티아오와 또우장은 집에서 직접 만들어 먹기보다는 대부분 아침을 파는 가게에서 사 먹는다.

한편 집에서 먹는 아침은 주로 포자나 만두를 죽 한 그릇과 짭짤하게 절인 채소인 함채(鹹菜) 한 접시와 곁들여 먹는다. 혹은 훈뚠이나 국에 만 국수인 열탕면(熱湯麵) 혹은 볶음 요리를 밥과 함께 먹기도 한다.

최근에는 우유와 시리얼, 토스트, 계란, 햄과 같은 서양식 아침 식사 역시 대도시에 사는 중국인들에게는 낯선 것이 아니며 서양식 패스트푸드를 파는 가게 역시 많이 생겨서 햄버거나 치킨, 피자 등을 즐기기도 한다.

1) 중국인의 식사 순서

개인의 음식을 각자 먹는 서양식 제도와는 달리 함께 음식을 나누어 먹는 것은 중국식 음식문화의 특색이다. 중국인들은 집에서나 혹은 밖에 모여서 식사를 할 때 보통 식탁에 둘러 앉아 커다란 그릇에 담긴 요리와 국을 덜어 함께 먹는다. 북방식 표준 정찬(正餐)의 식사 순서를 소개하면 다음과 같다.

(1) 먼저 해산물(海産)이나 육류가 포함된 네 개의 냉반(冷盤)이 나온다. 냉반은 차가운 냉채(冷菜)로 중국 요리에서 가장 처음 나오는 큰 접시에 담은 여러 가지 음식이나 술안주를

말한다. 술 마시는 사람이 많을 경우에는 여덟 개의 냉반이
차려진다.

(2) 다음으로는 네 접시의 따뜻한 야채나 고기류의 볶음 요
리인 열초채(熱炒菜)가 나온다. 양은 냉반에 비해서 약간
많으며 야채는 대부분 그 계절에 가장 잘 어울리는 신선
한 것을 사용한다. 기름기가 적어 느끼하지 않아 담백한
맛을 내는 요리들로 이루어진다.

(3) 이어서 재료에 전분(澱粉)을 풀어 걸쭉한 국물이 생기게
볶아낸 네 그릇의 회완(燴碗)이 나온다. 요리 중에 탕즙(湯
汁)이 들어있어 보온성이 있으며 식욕을 증진시킨다.

(4) 이제 본격적인 산해진미의 각종 재료를 이용하여 만든
주 요리인 주채(主菜)가 등장한다. 그 맛이 뛰어날 뿐만 아
니라 조리 기법 역시 감탄을 절로 자아낸다. 담아내는 그
릇 또한 평범하지 않은데 과거에는 주로 대해완(大海碗)이
라 불리는 커다란 접시를 사용했으며 요리의 가짓수는 네
종류에 이른다.

(5) 주 요리가 나온 뒤에는 사탕무와 같은 달콤한 요리인 첨
채(甛菜)와 맛이 단 후식인 첨점(甛點) 또는 죽이나 밥과 같

은 식사가 나온다.

(6) 마지막으로 따뜻한 국인 탕채(湯菜)와 계절에 따른 여지
(荔枝), 합밀과(哈密瓜)와 같은 신선한 과일을 낸다.

물론 이상의 요리와 순서는 특별히 정중한 자리에서만 지켜
지는데 성대한 연회의 경우에는 한 상에 7명 내지 10명이 자리
하며 전체적으로 보면 열여덟에서 열아홉 종류의 요리가 차례
로 나온다.

2) 일반 가정식

일반 가정에서는 간단히 몇 가지 요리를 차려놓고 온 가족이
모여서 식사를 하는데, 이를 가상반(家常飯)이라 부른다. 가상
반은 일반적으로 육류와 채소류를 적절히 배합하여 차려지는
데, 일반적인 채소류의 총칭인 청채(靑菜)와 두부를 사용한 요
리는 거의 매일 빠지지 않는 음식이다.

밥과 국을 함께 곁들여 먹는 우리의 식습관과 달리 중국인은
모든 요리를 먹은 뒤에 국을 마신다. 그러나 광동에서는 국에
해당되는 탕채가 가장 먼저 나오기도 하는데 이는 날씨가 무더
워 식사 전에 탕을 마셔 식욕을 돋우기 위함이다.

이러한 가상반은 주로 가정주부가 만들지만 부부가 같이 맞
벌이를 하는 경우에는 남편이 직접 장을 보고 음식을 만드는

풍경 또한 현대인들에게 더 이상 낯설지 않다.

6. 중국 남성들이 요리하는 이유

현대 중국의 일반적 가정에서 남성이 요리를 하는 것은 이미 친숙한 광경이다. 주된 이유는 여성의 사회참여가 확대되면서 맞벌이 가정이 늘어난 점을 들 수 있으나, 사실 중국에서는 남성이 요리하는 것에 대해서 아주 오래전부터 이미 친숙했다.

즉 중국에서의 오래전부터 식탁은 단순히 배를 채우는 공간이 아니라, 정치와 사업이 이루어지는 공간이라는 관념이 있었다. 특히 식당 주인과 손님이 정치적인 관계인 경우에는 식사 자리를 만드는 후견인을 주방선생(廚師)이라고 불렀다. 유명한 식당의 주방장은 그 식당에 오는 손님들과 친숙한 관계를 유지하며 당시의 권력자와 권력이 필요한 사람을 연결해 주기도 했다.

10장

중국인들의 음차문화

차는 오래전부터 중국인의 일상생활 중에 뿌리 깊게 자리 잡아 왔으며 특히 현대에 와서는 여러 가지 과학적인 분석 방법을 통하여 천연 건강식품이라는 관념 또한 생기게 되었다. 이처럼 중국은 차의 고향으로 이미 알려져 왔으며 차를 재배하고, 만들고, 마시는 것 모두 전 세계적으로 손에 꼽히고 있다.

일상 생활의 일부인 중국인의 차

1. 중국인들은 왜 차를 즐겨 마실까?

차를 즐겨 마시는 우리나라나 일본에서는 차를 마실 때 비교적 엄격한 절차를 지키며 이를 다도(茶道)라고 부른다. 하지만 차의 본고장인 중국에는 茶道라는 말이 없으며 대신 茶會 혹은 茶話라고 부른다. 이는 '여럿이 함께 차를 마신다'와 '차를 마시며 담소를 나눈다'는 뜻이며 차 마시는 일을 특별한 일이 아닌 일상 생활의 일부로 여긴다는 것을 의미한다.

중국인들이 차를 즐겨 마시는 것은 그들이 먹는 음식과 밀접한 관련이 있다. 즉 중국의 음식에는 기름이 많이 사용되기 때문에 산도가 높아 소화가 잘 되지 않는다. 따라서 중국인들은 알칼리 성분이 많이 함유된 차를 차를 마심으로써 몸속의 산성과 알칼리성의 균형을 꾀한다.

또한 차를 마시면 갈증이 해소되고, 차 속의 타닌 성분이 소화 작용을 도우며 니코틴과 지방질을 분해하는 데에도 효과가 있기 때문에 차를 즐겨 마신다. 특히 손님을 접대할 때는 반드시 차를 대접하며 좋은 차를 선물하는 것을 선호한다.

● 吃茶(차를 마시다)의 의미

중국에서 吃茶는 두 가지 의미가 있다. 일반적으로는 그냥 '차를 마시다'라는 뜻으로 쓰이지만, 신부 측이 신랑 측의 혼담을 받아들인다는 의미로도 해석된다. 이는 당송 시기 이후 신

랑 측에서 혼담을 꺼내면서 차를 예물로 보냈는데, 신부 측이
이 차를 받으면 혼담은 거의 성사된 것으로 여겨진 것에서 비
롯되었다.

이유는 옛 사람들이 차는 옮겨 심지 못하기 때문에 반드시
씨를 심어 새끼를 쳐서 번식한다고 믿는데서 비롯된 것으로,
요즘에는 여성이 남성의 청혼을 받아들이면, "내 여자친구가
내가 준 차를 마셨다"라고 표현하기도 한다.

2. 중국 차의 유래와 보급

일찍이 사찰에서 유년시절을
보냈던 당나라의 육우(陸羽, 733-
804)는 '차의 성인'이란 의미의
茶聖이라 불린다. 육우는 차에
관한 세계 최초의 전문 저작인
『다경』(茶經)을 지어 찻잎의 종류
와 품질 그리고 수확법 등을 기

육우

록했으며 차를 끓이는 기술과 다구(茶具) 등도 적어놓았다.

아울러 차의 유래와 당대 이전까지의 차와 관련된 내용들도
함께 기록되어 중국의 차 문화를 엿볼 수 있는 중요한 문헌으
로 평가받고 있다.

차의 유래에 대해서 육우는 『다경』에 BC 2700년경 신농시대부터 차를 마셨다고 기록했다. 즉 神農(신농)은 산천을 돌아다니며 온갖 풀을 맛보아 각각의 풀의 약용과 식용여부를 실험하여 의약의 신으로 숭상 받았다.

다경

어느날 신농은 하루에 100가지의 풀을 먹고 72가지의 독초에 중독되어 나무 아래에 쓰러졌다. 그때 어떤 나뭇잎이 보여 그것을 입에 넣고 씹었는데, 그 독이 해독되어 살아났다. 이 전설의 사실 여부는 알 수 없지만, 실제로 차 잎에 있는 폴리페놀과 독초의 독성분이 결합되어 해독작용을 하고 카페인성분이 강

신농

심제로 작용하여 살아난 것으로 보인다.

이렇게 중국인들은 처음 차를 발견하고 차를 마시기 시작했지만, 당나라 이전까지는 차는 매우 구하기 힘든 것이었기 때문에 주로 상류층에서만 차를 향유하였다.

즉 기록에 따르면 일부 권력

층에서만 차를 향유하며 조상을 위한 제례나 신을 위한 의식용
으로 차를 사용하였고, 이후 주나라 무왕은 상나라를 정벌할 때
차를 공물로 받았다고 한다. 이후 한동안 차는 왕과 조정에 바
치는 공물로 사용되었는데, 백성들의 고충을 돌보지 않고 무리
하게 왕실에서 많은 차를 공납할 것을 요구하면서 차는 백성들
에게 고통을 주는 것이기도 했다. 하지만 그 결과로 중국의 차
는 발전하였고, 중국 여러 지역에 명차가 재배되기 시작했다.

  이후 당대(唐代)에 이르러 민간에도 차가 보급되어 차를 마
시는 것이 보편화되었다. 특히 당나라 때 불교가 성행하면서
차를 마시는 것이 좌선(坐禪)을 할 때 정신을 맑게 한다는 점과
소화에도 효과적이라는 것을 깨달아 차를 마시는 습관이 정착
되어 차는 사찰에서 없어서는 안 되는 필수품이 되었다.

● 불교의 성행과 차의 보급은 어떤 관계가 있을까?

  당나라 때 불교가 성행하면서 많은 돈이 사찰에 모였다. 돈
이 모이면서 사찰에서는 불경을 전파하기 위하여 스님들을 여
러 지역으로 보냈다. 낯선 마을에 도착한 스님들은 마을 사람
들을 모아놓고 불경을 설교했지만, 마을 사람들은 도통 불경의
내용이 딱딱하여 재미가 없었고 이에 모이는 사람들이 점차 줄
어들었다. 방법을 찾던 스님들은 불경을 들으러 오는 마을 사
람들에게 가지고 간 차를 끓여 나누어 주었고, 마을 사람들은
차의 향긋한 맛에 취하여 불경을 들으러 몰려들었다. 이렇게

스님들에 의하여 중국의 여러 지역에 차가 보급되기 시작한 것
이다.

茶馬古道

　이후 송대에는 차를 마시는 풍조가 더욱 성행하여 중국 역사
상 가장 차를 중시하는 시대로 들어서게 된다. 결국 일순간에
차를 마시는 습관이 점차 퍼져 황실 귀족부터 일반 평민에 이
르기까지 모든 사람이 선호하는 식품이 되었다.
　이후 차는 중국 전역뿐만 아니라 여러 경로를 통하여 동남아
일대와 서구에까지 널리 퍼지게 되었다. 특히 당나라의 문성공
주가 티베트 왕에게 시집을 가면서 차를 가지고 갔고, 이후 티
베트에 차를 마시는 풍습을 전한 것이 계기가 되어 중국의 차는
송나라 이후 서역을 통해 멀리 유럽까지 전해지기 시작했다.

● 茶의 발음

차(茶)의 북방식 표준 중국어 발음은 '차'chá이지만 일부 남방 방언으로는 '데'[te]라고도 읽는다. 따라서 중국의 북방에서 차를 수입한 일본과 인도 등지에서는 여전히 '차'와 비슷한 발음으로 읽으며 반대로 중국 남부의 연해 지구에서 차를 수입한 영국 등에서는 차를 '데'와 비슷한 '티'(tea)로 발음하게 되었다. 결국 대체로 한자 차(茶)에 대한 음역(音譯)을 통하여 각국의 차에 대한 명칭이 유래되었음을 알 수 있다.

유럽에서 가장 먼저 차를 마시기 시작한 국가는 바로 영국이다. 17세기 초 중국에서 들어온 차가 영국인들에게 각광 받게된 이후로 그 수요가 급증하자 영국정부는 동인도(東印度) 회사에 명령을 내려 일정한 양의 찻잎을 비축할 것을 명령하였다.

그러나 이후로도 유럽 각국의 차에 대한 수요는 더욱 증가하여 19세기 초 영국으로 수출된 중국차는 무려 4,000여만 톤에 이르게 되었다. 이처럼 자신에게 불리한 무역 상황이 벌어지게 되자 영국 상인들은 급기야 인도와 벵골(Bengal) 일대에서 아편을 구입하여 은(銀) 대신 중국산 찻잎과 교환하였고 급기야 아편전쟁이 발발하는 도화선이 되었다.

당시 유럽사람들이 좋아했던 차는 홍차였다. 즉 실크로드의 주요 교역품 중 하나가 차였는데, 차를 가지고 오랜 시간 이동하면서 우연히 녹차가 발효되어 홍차가 되었고 유럽사람이 그 맛에 반해 홍차를 즐겼다고 한다.

홍차

3. 중국 차의 종류

차는 만드는 방법에 따라서 녹차
(綠茶), 홍차(紅茶), 오룡차(烏龍茶),
백차(白茶), 황차(黃茶), 흑차(黑茶)
등으로 구분되는데 이를 구분 짓는
가장 중요한 기준은 바로 발효(醱
酵)의 정도이다.

● 발효란?

찻잎 중에 가장 많이 함유되어 있는 성분인 떫은 맛을 내는
폴리페놀이 산화 효소의 작용에 의해 황색이나 홍색을 띄는 아
풀라빈이나 데아루비긴이라는 성분으로 바뀌면서 수색과 맛,
향 등이 변화되는 과정이다.

(1) 불발효차(不醱酵茶) - 녹차

발효가 되지 않은 차를 말한다. 찻잎 속 타닌 성분이 효소에
의해 발효되지 않도록 차의 새싹을 따 솥에서 볶거나 증기를
쏘여서 살청(殺靑)을 한다. 여기서 살청은 가열을 해서 찻잎의
발효를 제지시키는 기술을 말한다.

이러한 과정을 거친 후에 잘 비벼 말아서 모양을 만들고 말

리면 완성된다. 녹차는 벽록(碧綠)이나 황록(黃錄) 빛이며 신선
한 향기와 약간 떫은맛을 띠는 것이 특징이다. 녹차는 가장 오
랜 역사를 가지고 있으며 가장 많은 생산량과 가장 넓은 생산
지를 자랑한다. 특히 절강(浙江), 안휘(安徽), 강서(江西), 삼성(三
省)이 그 생산량과 품질 면에서 널리 알려져 있다. 녹차 중에는
예로부터 많은 명차가 있는데 서호용정(西湖龍井), 동정벽라춘
(洞庭碧羅春) 차 등이 특히 유명하다.

(2) 반발효차(半醱酵茶) - 오룡차

반발효차는 찻잎을 10에서 65% 정도만 발효시켜서 만든 차
로 발효 과정에서 특유의 맛과 향이 생긴다. 그중 오룡차는 가
장 중국적인 특색이 있는 차로 대표적인 생산지는 복건성(福建
省)의 안계(安溪)이다.

오룡차는 다시 그 발효 정도에 따라서 다음과 같이 나뉜다.
청차(淸茶)라고도 불리는 포종차(包種茶)는 경(輕) 발효차로써
청아한 맛과 황금빛의 색깔이 특징이다. 철관음(鐵觀音)과 동
정(凍頂) 등은 중(中) 발효차로써 깊은 맛과 갈색의 빛깔이 특
징이다. 백호오룡(白毫烏龍)은 중(重) 발효차로써 달콤한 과일
향과 주황색의 빛깔이 특징이다. 이 밖에 백호은침(白毫銀針)
같은 백차(白茶)와 자스민차와 같은 화차(花茶) 계열로 분류하
기도 한다.

▶ 烏龍茶의 전설

오롱차의 유래와 관련한 재미있는 고사가 있다. 옛날 차나무 아래에 살고 있는 커다란 뱀이 있었는데 그 뱀은 온순하여 절대로 사람에게 해를 입히는 경우가 없었다. 그러던 어느 날 일을 하던 농부가 더위에 지쳐 일사병으로 혼절하자 뱀이 차나무 위로 올라가 찻잎을 따서 쓰러진 농부의 입에 넣어 주었다.

그 후 농부가 정신을 차리고 깨어나자 사람들이 '검은 뱀이 사는 차나무'라는 의미로 오롱차(烏龍茶)라고 부르기 시작했다. 오롱차는 중국어 발음으로 '우롱차'라고 부르는데 중국인들은 뱀을 용으로 지칭하는 습관이 있다.

(3) 전발효차(全醱酵茶) - 홍차

찻잎은 발효를 하게 되면 원래의 녹색에서 점차 붉은 빛으로 변하게 되는데 그 발효 정도에 따라서 더욱더 붉어진다. 홍차라는 명칭 역시 이러한 연유로 얻게 되었다. 또한 향기 역시 발효도에 따라 본래의 찻잎 향에서 화향(花香), 과일향, 맥아향(麥芽香) 등으로 변한다. 이처럼 완전히 발표된 전발효차(全醱酵茶)를 홍차라고 한다.

홍차는 차의 새싹을 따서 먼저 위조(萎彫)를 한다. 여기서 위조란 새로 딴 찻잎을 실외에서 햇빛에 말린 후에 다시 실내에서 일정 시간 건조시켜 차향의 깊이를 더하는 과정이다. 홍차는 이렇게 준비된 재료를 잘 비벼서 발효와 건조 등의 기술이 더해지면 완성된다. 홍차는 가공 과정에서 여러 가지 화학적 반응이 일어나 차황소(茶黃素)나 차홍소(茶紅素)와 같은 새로운 성분이 만들어지며 그 향기 역시 원래의 찻잎에 비해서 명확히 증가된다. 유명한 홍차로는 기문홍차(祁門紅茶)와 영홍공부차(寧紅工夫茶) 등이 있다.

⑷ 후발효차(後醱酵茶)

녹차의 제조법과 같이 효소를 파괴시킨 뒤 찻잎을 퇴적하여 미생물의 번식을 유도해 다시 발효가 일어나게 만든 차를 말한다. 찻잎이 완전히 건조되기 전 곰팡이의 번식을 통해 다시 발효시키기 때문에 후발효차라고 한다. 좋은 것은 단맛이 나며 질이 떨어지면 곰팡이나 지푸라기 맛이 난다.

발효 기간이 길수록 맛이 부드러워져 가격도 상대적으로 올라간다. 대체로 20년 이상 숙성한 것을 상품(上品)으로 친다. 황차(黃茶)인 군산은침(君山銀針)과 흑차(黑茶)인 보이차(普洱茶) 등이 있다.

▶ 보이차

보이(普洱)는 중국 운남성에 있는 한 마을의 이름이다. 인체에 축적된 지방질 및 콜레스테롤의 함량을 낮추는 효능이 뛰어나 중국에서는 예전에 주로 약으로 음용되었다.

우리나라에는 '다이어트 차'라고 소개되어 많은 사람들이 마셨지만 보이차는 발효의 정도가 매우 크기 때문에 지나치게 많이 마시거나 빈속에 마시면 위에 부담이 된다. 만드는 모양에 따라 몇 종류로 나뉘는데 주로 벽돌 모양이나 원형 같은 압축형으로 만들어진 것이 많다.

4. 중국차를 맛있게 마시는 방법

맛있는 차를 우려내기 위해서는 고려해야 할 몇 가지 사항이 있다. 우선, 찻잎의 종류를 보아야 한다. 즉 발효정도가 높을수록 물의 온도가 높아져야 하며 우려내는 시간도 길어야 한다. 다음은 찻잎의 상태를 보아야 한다. 찻잎이 많이 부서져 있거나 가루가 많으면 물의 온도를 낮추거나 시간을 줄이거나 찻잎의 양을 조금 적게 넣어야 한다. 또한 찻잎의 양도 차의 맛을 내는데 중요하다. 마시는 사람 수에 따라 물을 끓일 주전자, 즉 다관의 크기를 정하고, 대략 1인당 2-3g를 기준으로 하되 잎이 어릴수록 찻잎의 양을 적게 해야 한다.

끓여내는 물의 온도도 중요하다. 온도가 너무 높으면 쓴맛이 나고 너무 낮으면 싱거워진다. 추출시간, 즉 우려내는 시간도 중요하다. 차의 추출시간에 따라 차의 빛깔, 맛의 농도, 쓴맛, 떫은맛 등이 달라진다. 일반적으로는 2-4분 정도 우려내지만 잎이 많거나 가루가 많을 때는 조금 시간을 줄이는 것이 좋다.

또한 중국인들을 차를 五感으로 마신다는 말을 자주 하는데, 즉 귀로는 찻물 끓이는 소리를 감상하고, 코로는 찻잎의 향을 맡으며, 입으로는 차의 맛을 보고, 눈으로는 다구와 찻잔을 감상하고 손으로는 찻잔의 감촉을 느낀다.

일상생활에서 중국인들은 매우 간편하게 차를 마시며, 버스 대합실, 기차역 등 사람이 많이 모이는 곳에는 뜨거운 물을 무상으로 얻을 수 있는 곳이 항상 있다.

11장

중국의 음주문화

중국인들은 '술이 없으면 자리가 마련되지 않고, 술이 없으면 예의가 아니다(無酒不成席, 無酒不成禮)'고 말할 만큼 술을 즐겨 마신다고 한다.

술을 빚고 마시는 중국인들의 음주 습관은 상당히 오랜 역사를 가지고 있다. 심지어 한대(漢代) 사람들은 술을 일컬어 하늘이 내린 선물이라는 뜻의 '천지미록(天之美祿)'이라 칭송하였다.

다음에서는 중국 술의 기원에 대해서 살펴보고자 한다.

215

1. 중국 술의 기원

중국의 술이 언제부터 생겼
는지는 의견이 분분하지만 일
반적으로는 杜康(두강)을 가장
먼저 술을 빚은 사람으로 여긴
다. 두강이 술을 처음으로 빚
었다면 중국 술의 역사는 대략
4200년 정도가 된다.

● 두강과 술의 기원

두강은 소강(少康)으로도 불리며 대략 3천 년 전 하(夏)나라
를 중흥시킨 임금으로 알려져 있다. 하나라가 망하자 두강은
유우씨(有虞氏)에게 도망가 주방과 곳간을 돌보는 일을 하였다.

어느 날 곳간에 넣어둔 음식에 곰팡이가 슬어 벌을 받게 되
었는데 새끼 양 한 마리가 곳간에서 흘러나온 액체를 핥아먹고
쓰러져 버렸다. 양이 죽은 것으로 여겨 두강이 양의 배를 가르
려는 순간 양은 아무 일 없듯이 일어나 달아나 버렸다.

두강이 신기하여 그 액체의 맛을 보았더니 단 맛이 났고 계
속 마신 두강은 취하여 정신을 잃었다. 한참 후에 깨어난 두강
은 몸에 기운이 도는 것을 느꼈고 계속 연구하여 마침내 양조
기술을 개발해 내었다. 이에 사람들이 그를 주신(酒神)으로 떠

받들었고 지금도 중국에서 두강은 술을 상징하는 대명
사가 되었다.

하남성 낙양에서는 두강주(杜康酒)를 빚어 마
시는데, 삼국지의 조조가 즐겨 마셨다는 기록
도 보인다. 현재는 다양한 종류의 두강
주가 판매되고 있다. 그러나 1983년
섬서성(陝西省) 미현(眉縣) 양가촌(楊
家村)에서 신석기 시대 앙소(仰韶) 문화의 유물
로 알려진 술 전용 도기(陶器)가 출토되면서 지금

앙소문화 유적지에서
발견된 술 주전자

부터 대략 6000년 전부터 이미 술을 만들기 시작
한 것으로 추정된다. 이러한 추정이 맞다면 중국 술의 역사는
서양의 맥주가 9000년, 포도주가 7000년인 것과 거의 비슷하
다는 것을 보여준다.

이후 하대(夏代)와 주대(周代)를 거치며 술 용기들

爵이라 불리는
청동 술잔

의 종류 역시 점차 다양해졌다. 현재 전해지
는 출토 문물인 갑골문(甲骨文)이나 금문(金
文) 속에 남아있는 술을 가지고 조상에게 제사를 지
냈다는 기록과 주기(酒器)의 용도로 만든 청동기(靑銅
器)가 상당 부분 남아있는 것으로 보아 적어도 지금
부터 3000~4000년 전 상대(商代) 무렵에 이미 중
국에서는 곡물을 이용하여 술을 만들기 시작한
것으로 보인다.

2. 중국 술의 발전 과정

오랜 역사를 가지고 있는 중국 술은 대체로 다음과 같은 발
전 단계를 거쳐 왔다.

1) 기원전 4000년~기원전 2000년 무렵의 신석기 앙소문화
   시기에서 하(夏)왕조까지는 중국술의 계몽기로써 곡물을
   발효시켜 술을 빚기 시작했다.

2) 기원전 2000년의 하왕조부터 기원전 200년의 진(秦)왕조
   까지는 중국술의 성장기이다. 특히 누룩의 발견으로 중국
   은 세계에서 최초로 이를 이용해서 술을 빚은 나라가 되
   었으며 전설상의 인물인 두강의 출현은 중국술의 발전에
   기틀을 마련했다. 또한 술의 제조를 정부에서 관리하여 제
   왕과 제후 등 특정 계층의 향락품이 되었다.

3) 기원전 200년의 秦나라부터 서기 1000년의 북송(北宋) 시
   기는 중국술의 성숙기로써 황주(黃酒), 과주(果酒), 약주(藥
   酒), 포도주와 같은 특색 있는 술이 등장하기 시작했다. 위
   진(魏晉) 무렵에는 민간에까지 술이 널리 보급되었으며 특
   히 당시 유럽, 아시아, 아프리카 등과 육로 무역을 통한 동
   서양 술 문화의 교류로 훗날 중국의 백주(白酒) 탄생에 기

초를 마련하였다.

4) 서기 1000년의 북송시기부터 1840년의 청대(淸代) 말기
는 중국술의 발전기로써 서역(西域)의 증류기(蒸馏器)가 중
국에 유입되어 세계적으로 유명한 白酒가 드디어 선을 보
이게 된다. 이러한 발전기를 거치며 황주, 과주, 약주, 포
도주가 더욱 발전하였으며 술의 도수가 비교적 높은 백주
역시 신속하게 보급되기 시작했다.

5) 마지막으로 청대 말기부터 현재까지는 중국술의 변혁기
로 서양의 발달된 술 제조기술과 중국술의 전통적인 제조
법이 결합되어 최고의 전성기를 맞이하고 있다. 맥주와 양
주 같은 다양한 술이 등장했는데 특히 맥주는 연간 800만
톤 이상을 생산하여 부동의 세계 1위를 차지하고 있다.

3. 중국 술의 종류

중국인들은 전통적으로 좋은 술을 구분하는 잣대로 향기가
짙고 부드러우며 달콤한 맛과 뒷맛이 오래가는 점을 들고 있는
데, 이는 또한 중국인들이 사람의 인격을 평하는 기준으로 사
용되기도 한다.

이백의 장진주(將進酒)에는 "예로부터 성현들은 죽고 나면 모두 잊혀지고 오직 술을 잘 마시는 사람만 이름을 남겼다(古來聖賢皆寂寞, 惟有飮者留其名)"라는 싯구가 있는데, 요즘도 이 싯구는 애주가들의 입에 자주 오르내린다고 한다.

다음에서 중국 술의 종류에 대해서 살펴보기로 하자.

1) 황주(黃酒)

곡물을 이용하여 발효(醱酵)시켜 술을 만드는 양조(釀造) 기술은 중국술의 대표적인 특징 중에 하나이다. 미주(米酒)라고도 불리는 중국의 황주(黃酒)는 포도주 그리고 맥주와 더불어 양조기술로 만든 세계 3대 술로 알려져 있다. 황주의 생산원료로 북방에서는 수수, 좁쌀, 기장쌀을 사용하고 남방에서는 보편적으로 쌀이나 찹쌀을 사용한다.

일본인들이 즐기는 청주(淸酒)의 제조 과정 역시 기본적으로 이러한 황주와 비슷하다. 황주의 도수는 대략 15도 내외이며 만든 기간이 오래될수록 그 맛과 향이 더해진다.

술의 색깔은 황색뿐만 아니라 흑색 또는 붉은 빛을 내기도 한다. 과거 송대에 문화와 경제의 중심이 점차 남쪽으로 옮겨지면서 황주의 생산 역시 그곳에서 더욱 흥성하게 되었다. 특히 원대에 이르러 소주(燒酒)가 북방에 널리 보급되자 그 일대의 황주 생산은 더욱 위축되었고 대신 남쪽에서 그 명맥을 계속 유지하게 되었다.

대표적으로 청대에 절강성(浙江省) 소흥(紹興) 지방에서 생산된 것이 가장 유명하여 지금까지도 절강소흥주를 황주의 으뜸으로 꼽는다. 이러한 소흥주는 개인의 기호에 따라 말린 매실을 넣거나 따뜻하게 데워서 마시는데 술의 도수가 적당하여 식사를 할 때 반주용의 입맛을 돋우는 술이라는 의미로 가반주(加飯酒)라고도 한다.

소흥주

● 여아홍(女兒紅)

절강성 소흥 지방의 민간에서는 딸을 출산하면 술을 담은 단지를 땅에 묻어 두었다가 딸이 결혼을 할 때 파내어 손님에게 접대를 하는 풍습이 전해지는데 이렇게 담근 술을 일컬어 여아홍 또는 여아주(女兒酒)라고 한다. 女nǚ 兒ér 紅hóng, 즉 女兒는 중국어로 '딸'이라는 의미이며, 紅은 '붉다'는 의미이다.

대략 스물살 정도가 되면 딸이 결혼을 하므로, 요즘은 20년 숙성시킨 소흥주를 여아홍이라고도 부르며 매우 고가에 판매된다.

다른 이름으로는 꽃을 조각한다는 의미의 화조주(花雕酒)라고도 하는데 이는 같은 발음이 나는 꽃이 시든다는 화조(花凋)

의 의미도 가지고 있어 딸을 시집보내는 부모의 애석한 마음
이 담겨져 있다.

2) 백주(白酒)

오량액

백주는 중국의 대표적인 증류주(蒸餾酒)로 밀이나 보
리로 만든 누룩에 수수나 쌀을 원료로 하여 만
들며 술의 도수가 40~80도 정도로 대단히 독
하다. 대략 송대에서 원대 무렵에 중국에 증류
주가 등장한 것으로 알려지는데 서역으로부
터 전래된 술을 만드는 증류기의 도입은 중
국의 양조 역사에 있어서 한 획을 긋는 계기
가 되었다.

근대에 이르러 서양 선진 기술의 도입과 더불어 대규모의
생산 능력을 가진 양조 공장이 등장하게 되었는데 중국 서남
부에 위치한 귀주(貴州)와 사천(四川)은 중국에서 가장 좋은 백
주를 생산하기로 유명한 지역이다.

대표적인 백주로는 귀주의 모태주(茅台酒)와 사천성의 오량
액(五粱液) 등이 있다.

(1) 茅máo 台tái 酒jiǔ, 즉 모태주는 다년간 좋은 품질을 유지
하여 왔으며 술에는 110여 가지에 달하는 향기가 있고 마
신 후의 빈 잔에도 오랫동안 향기가 남아있다. 술의 도수는

222

52-54도를 유지하며 일곱 달 주기로 생산
해 낸 술은 4년 이상 창고에 저장한 뒤 맛
을 보고 포장하여 판매한다.

주은래(周恩來) 총리가 1972년 중국
을 방문한 미국의 닉슨 대통령에게 접
대하였는데 닉슨 대통령이 그 맛에 반
했다고 하며 북한의 김일성도 생전에
모태주를 응접실에 비치해 두고 자주
마셨다고 하여 '정치주'라고도 부른다.

마오타이

만리장성에 올라 구운 오리고기를 먹으며 마오타이를
맛보는 것은 북경에서의 세 가지 즐거움이라는 말이 있
을 정도로 유명하다.

(2) 五wǔ 梁liáng 液yè, 즉 오량액은 사천성을
대표하는 명주로 다섯 종의 곡식, 즉 수수,
입쌀, 주미, 밀, 옥수수를 원료로 하여 술을
빚었기 때문에 다섯 오(五)자를 써서 오량액
이라고 한다.

최근에는 최고급이라는 이미지를 얻어 선
물용으로 사천성(四川省)의 수정방(水井坊)이
많이 이용된다.

수정방

● 고량주와 빼갈

백주를 과거에는 소주(燒酒)나 고량주(高粱酒)라고 불렀고 지금은 일반적으로 백주(白酒)나 백건아(白乾兒)로 부른다. 백주라는 명칭은 그 색이 투명한 무색이어서, 백건아는 물이 섞이지 않아서 붙여진 이름이다. 또한 소주는 발효된 원료를 증류시켜서 만든 술이라는 의미이다.

중국 술 하면 아마 대부분의 사람들이 '고량주'나 '빼갈'을 먼저 떠올릴 것이다. 사실 이것은 모두 백주의 다른 명칭으로 고량주는 그 원료가 되는 수수의 한자어가 고량(高粱)이기 때문에 붙여진 이름이고 빼갈은 백주의 다른 명칭인 백건아(白乾兒)의 중국식 발음 '바이깔'이 변형된 것이다.

이 밖에도 백주를 이과두(二鍋頭)라고도 부르는데 이는 중국의 북방에서 전통적인 방법으로 백주를 만드는 오래된 명칭에서 유래되었다. 그러나 지금은 일반적으로 증류할 때 처음과 마지막 나온 술을 제거한 나머지 술을 지칭한다.

참고로 중국에서는 술의 양을 계산하는 단위로 우리와 같은 ml가 아닌 근(斤)과 양(兩)을 사용한다. 한 근은 열 양으로 대략 500g이며 반근(半斤)은 그 절반을 말한다. 그래서 아직도 일부 지역에서는 술을 저울에 달아서 팔기도 한다.

● 모태주의 전설

옛날 귀주성 모태촌(茅台村)에 가난한 노
인이 살고 있었다. 어느 추운 겨울날 남루
한 차림의 아가씨가 그의 집에 찾아왔다.
노인은 얼른 따뜻한 방으로 아가씨를 데려
와 음식과 함께 남아 있던 소주를 내왔다.
그날 저녁 노인은 이 아가씨가 선녀로 변
해 미소를 지으며 술잔을 들고 와서 집 앞

모태주

백양나무 아래에 뿌리는 꿈을 꾸었다. 다음날 노인이 그 곳에
우물을 팠더니 물이 유난히 맑아 노인은 그 물로 모태주를 빚
었다.

오늘날 세계 각지로 팔려 나가는 모태주의 포장에 선녀가 술
잔을 들고 있는 그림은 이러한 전설에 근거한 것이며 술병의
목에 매여 있는 두 줄의 붉은 띠는 당시 선녀가 허리에 매고 있
던 술을 본뜬 것이라고 한다.

3) 보건주(保健酒)

보건주는 대략 20~40도 내외의 양조주나 증류주에 각종 동
식물성 약재나 꽃과 과일 등을 넣고 일정한 가공 과정을 거쳐
담근 술을 말한다.

중국에서는 이미 3000년 전에 술에 향초(香草)를 넣었다는
기록이 전해진다. 건강에 유익한 효용이 있는 약주(藥酒) 계열

죽엽청주   오가피주

의 술이 이에 속하며 각종 약재를 넣어서 만든 산서성(山西省) 행화촌(杏花村)의 죽엽청주(竹葉靑酒)와 절강성(浙江省)의 오가피주(五加皮酒) 등이 대표적이다.

4) 맥주

중국에서 가장 오래된 맥주 공장은 1900년에 하얼빈에 설립되었다. 그러나 1903년에 창립된 청도(靑島) 맥주회사의 등장으로 현재까지 세계적으로 명성을 떨치고 있는 '청도맥주'가 탄생하게 되었다.

이러한 초기의 맥주 공장은 대부분 외국인들에 의해서 설립되었다. 예를 들어 현재 중국 맥주를 대표하는 청도맥주도 원래는 독일이 만든 공장을 터전으로 생산되는 맥주이다. 즉 근대 중국이 서구열강에 의해 침탈을 당할 때, 많은 열강들은 앞다투어 중국에 들어와 각 나라의 요구에 맞는 지역을 조차지로 삼았다. 독일은 예전부터 맥주 소비량이 많았고, 이에 수질이 좋아 맥주를 가장 잘 생산할 수 있는 청도 지역을 조차지로 삼고 맥주 공장을 세웠다.

이후 독일이 물러가고 잠시 일본이 이 맥주공장을 운영하다가 나중에 중국에 의해 청도 지역에서 맥주를 대량 생산하기 시작했다. 이 맥주가 오늘날의 청도맥주이다. 맥주의 중국어 표기는 비주(啤酒)로 '피지우'라고 읽는다. '피'는 영어의 'beer'를 음역한 것이고, '酒'는 술의 종류임을 나타낸 것이다.

현재 중국에는 각 지역마다 수를 헤아리기 힘들 정도의 다양한 맥주가 생산되어 황주나 백주와 더불어 일반 대중들이 즐기는 가장 보편적인 술로 자리 잡았으나, 맥주가 처음 중국 시장에 진입했을 때에는 그다지 환영을 받지 못했다고 한다. 왜냐하면 맥주는 시원하게 마셔야 맛이 나는데 뜨거운 차에 익숙한 중국인들에게 시원한 맥주는 입에 맞지 않았다. 또한 높은 알코올 도수의 백주에 익숙한 중국인들에게는 낮은 도수의 맥주가 '술'로 인정받지 못했다. 하지만 맥주 회사들은 맥주를 '液體面包(액체빵)'이라고 선전하며 맥주를 마시면 배도 부르고 보리를 주원료로 했기 때문에 건강에도 좋다고 홍보하였다. 이에 점차 중국 사람들도 맥주를 마시기 시작했다.

이미 1990년의 통계에 따르면 중국 전역 800여 개의 맥주 공장에서 800여만 톤의 맥주가 생산되며 국가의 상을 받은 우수한 품질의 맥주만도 83종에 이른다고 한다.

4. 중국인의 음주 습관

중국인들은 요즘도 중요한 날, 기쁜 날에 꼭 술을 마신다. 잔치를 주연(酒筵)이라고 부르며, 결혼식 피로연에서는 반드시 희주(喜酒)를 마신다. 그래서 "결혼식에 참석하러 간다"는 말을 "희주를 마시러 간다"고 말하기도 한다.

중국인들의 음주 습관은 술자리에 내빈이 모두 자리에 앉으면 주인은 일어서서 손님을 향해 '제가 먼저 마시는 것으로 경의를 표시 합니다'라는 의미의 선건위경(先乾爲敬)을 말하며 자신의 술잔을 비우는 것으로 예의를 나타낸다. 상대에게 술을 권할 때는 '한 잔 올리겠습니다'라는 경일배(敬一杯)를 말하는데 이때 응하지 않으면 실례가 된다.

또한 우리의 음주 문화와는 달리 술잔을 다른 사람에게 돌리지 않으며 상대의 술잔이 조금이라도 비어 있으면 계속해서 첨잔을 하는 것이 예의이다. 상대방이 술을 따르면 받는 사람은 식지(食指)와 중지(中指)를 구부려 탁자를 가볍게 두드리는 것으로 감사의 표시를 한다. 이러한 습관은 청대부터 시작된 것으로 알려져 있다.

● 손가락으로 탁자를 두드리는 이유

어느 날 건륭(乾隆) 황제가 측근 몇 명만을 거느린 채 민간인 복장으로 순행을 떠나 차의 고향으로 유명한 강서, 절강 일대의 어느 찻집에 들러 용정차(龍井茶)를 맛보게 되었다. 뛰어난 차의 맛에 만족한 건륭제는 신하에게도 차를 권했는데 황제의 하사를 받은 신하는 바로 머리를 조아려 예를 갖출 수 없자 손가락을 구부려 탁자를 세 번 두드렸다. 이후 건륭 황제는 그 신하에게 왜 손가락으로 탁자를 세 번 두드렸냐고 물었는데, 신하는 첫 번째는 무릎, 두 번째는 양쪽 팔꿈치, 세 번째는 이마를 땅에 대는 의미였다고 답했다. 즉 이런 식으로 황제의 은총에 감사를 표시한 것이다. 이후 이러한 관습은 민간에 퍼져 찻잔이나 술잔을 받을 때 이같이 행동한다.

중국인들은 건배(乾杯)를 외치면 술을 단번에 다 마시고 빈 술잔을 상대에게 보이는 것이 관례이다. 건배를 할 수 없으면 반배(半杯)라고 말하고 절반만 마시거나 '자기 마음대로'라는 의미의 '수의(隨意)'를 말하고 자기 주량대로 마신다. 만약 술을 전혀 마시지 못하면 먼저 양해를 구하거나 경우에 따라서 '차로 술을 대신 한다'라는 이차대주(以茶代酒)의 의미로 대신 찻잔을 들기도 한다.

커다란 원형 식탁에서 술을 마셔 상대방과 직접 건배를 하기 힘들 때는 술잔을 식탁 위 회전판에 두드리는 것으로 대신한다. 경우에 따라서는 술자리에 늦거나 게임 등에서 지면 재미로 상대에게 몇 잔의 벌주(罰酒)를 권한다.

일반적으로 주인은 손님이 술을 많이 마실수록 기뻐하는데 특히 소수민족의 하나인 몽고족(蒙古族)은 접대를 좋아하여 술

을 권할 때 주인이 술잔을 들고 노래를 부르며 손님이 받아서
다 마실 때까지 멈추지 않는다.

그러나 최근에는 아무리 좋은 중국의 명주를 마실 기회가 있
어도 '음주 후에는 운전을 하지 말고, 운전을 할 때는 술을 마
시지 말자(酒後不開車, 開車不喝酒)'는 사회적 운동이 일고 있다.

● 중국인의 숙취 해소법

일반적으로 알려진 중국인의 숙취 해소법은 우리가 따뜻한
국물의 해장국을 찾는 것과 달리 차로 숙취를 해소하는 경우가
많다. 이는 평소 차를 즐기는 중국인의 일상적인 습관과도 관
련이 있지만 의학적으로도 차에 들어있는 카페인 성분이 이뇨
(利尿) 작용을 하여 알코올 성분을 신속히 몸 밖으로 배출시키
기 때문이다. 따라서 술자리에서 차를 함께 마시면 술이 덜 취
할 뿐만 아니라 다음날 생기는 숙취를 미리 예방할 수 있다.

● 치맥의 등장

원래 중국에는 치맥이란 개념이 없었다. 하지만 우리나라 드
라마 〈별에서 온 그대〉의 영향으로 요즘 중국 젊은층은 치맥을
즐긴다. 즉 극 중 여주인공인 천송이(전지현)가 "첫눈이 오는 날
에는 맥주와 치킨을 먹어야 되는데"라는 말을 자주 했고, 드라
마의 인기와 함께 드라마 속 주인공이 즐겨 먹는 '치맥'도 중국
에서 유행하게 된 것이다. '치맥'은 중국어로 '炸鷄(튀긴 닭)和啤

酒(맥주)'라고 하는데 흔히 줄여서 炸啤(짜피)라고 말한다.

아주 오랜전부터 술을 즐겨 마셨던 중국인, 알코올 도수가 높은 백주를 즐겨 마시고, 손님을 접대하거나 축하를 할 때 반드시 술을 권하는 중국 사람들이지만 현재는 과거와 달리 음식을 맛있게 먹기 위해 술을 곁들이는 것이 보통이며, 생맥주 전문점을 제외하면 술과 안주만 파는 술집도 거의 없다. 또한 밤 늦게까지 밖에서 술을 마시고 술에 취해 거리를 돌아다니는 사람도 드물고, 술집을 몇 차례 순례하는 습관도 없다.

12장

중국의 종합예술

- 경극(Beijing Opera)

경극은 중국을 대표하는 종합예술로 오랜 시간 발전을 거듭
하면서 완성된 희곡의 한 종류이다. 오늘날에도 많은 중국인들
의 사랑을 받고 있고 중국을 상징하는 예술 장르로 자리잡은
경극에 대해서 살펴보기로 하자.

1. 경극의 탄생과 발전

고대 중국은 왕이 정치와 제사를 관장하는 제정일치 시대였
다. 따라서 왕은 일반 서민에게는 없는 능력, 즉 하늘과 소통하

는 능력을 과시할 필요가 있었다. 이에 왕은 가면을 쓰고 노래를 부르며 춤을 추면서 하늘과 소통하는 의식을 행했다. 물론 허구였고, 이것이 바로 중국 희곡의 시작이다.

이후 아주 단순한 형태의 중국 희곡은 오랜 시간을 거치면서 점차 완성되어 갔다. '경극'이란 '북경의 희극(戲劇)'이란 의미로, 17세기 중반 장강 중하류 지역에서 성행하던 안휘(安徽)의 극단에 기원을 두고 있다. 즉 1790년 건륭제의 팔순 연회 경축 공연을 하기 위하여 안휘성의 극단이 북경에 들어갔고, 경축공연이 끝난 뒤에 귀향하지 않고 북경에 남아서 민간 공연을 진행했는데, 이렇게 경극의 모습은 점차 갖춰지게 된 것이다.

즉 안휘성의 극단이 가지고 있던 풍부하고 특색 있는 곡조와 주제, 통속적인 대본과 독특한 무술기예, 여기에 다른 희곡의 장점을 받아들인 배우들의 명연기와 노력으로 지속적으로 발전하면서 마침내 경극이 탄생하였다. 이후 경극은 황실을 포함하여 신분의 제약 없이 누구나 즐기는 중국의 가장 대중적인 예술로 자리잡았다. 또한 1919년 명배우 메이란팡(梅蘭芳)이 이끄는 공연단의 일본 공연을 시작으로 점차 국제적으로 주목 받았다.

메이란팡은 남성이었지만 경극에서 여성 배역을 맡아 너무나 자연스럽고 아름다운 여성 역할을 연기하여 관객들을 매료시켰

메이란팡

메이란팡   메이란팡과 찰리 채플린

고, 이후 미국과 유럽 등지로 진출하여 경극을 세계무대로 진
출시키는 계기를 마련하였다. 특히 미국의 찰리 채플린은 그의
연기를 매우 극찬했다.

세계를 향해 중국의 경극을 널리 알
린 것은 영화 〈패왕별희〉이다. 원래 '霸
王別姬(패왕별희)'는 楚나라 패왕 項羽와
그의 연인 우미인과의 비극적인 사랑을
담은 고사였는데, 1993년에 陳凱歌(천카
이거) 감독은 패왕별희 고사를 바탕으로
영화 '패왕별희'를 제작하였고 제46회
칸 영화제에서 황금종려상을 수상하면
서 세상의 주목을 받았다.

장국영(張國榮)과 공리(巩俐)가 주연을 맡았던 영화 '패왕별희'
는 세상을 향하여 중국의 경극을 널리 알리고, 급변하던 20세기
중반의 중국의 모습을 사실적으로 그렸다는 극찬을 받기도 했다.

2. 경극의 표현 방식

1) 사의 표현

중국인들은 경극에 대해
서 얘기할 때 흔히들 "아는
만큼 보인다"는 표현을 자
주 한다. 왜냐하면 경극의
가장 큰 특징이 바로 '寫意
表現'이기 때문이다. 사의
표현이란 배우와 관객 사
이에 여러 가지 약속이 미
리 되어 있는 상태에서 극
이 진행되는 것으로, 예를

깃발 - 군사를 통솔하는 의미로 쓰임.

들어 무대 위에는 아무것도 없지만 배우가 보폭을 크게 하고
양손으로 무언가를 펼치는 시늉을 하면 이는 배우가 큰 집의
대문을 열고 들어가는 것을 의미하고, 무대 위에는 말 한 필 등
장하지 않지만, 배우가 깃발을 들고 무대를 뛰어 다니면 이는

말에서 떨어지는 장면

배우가 수백의 기마군대를 이끌고 있음을 의미한다.

또한 실제로는 창문이 없지만 문을 닫고 여는 동작을 통하여 문이 있다는 것을 나타내며 계단을 오르거나 배를 타거나 하는 등의 가상의 동작을 간단한 상징적 도구만을 사용하여 표현하고자 하는 내용의 의미만을 전달한다. 이렇듯 동작 하나하나에 약속이 되어 있기 때문에 경극은 '아는 만큼 보인다'고 표현한다.

2) 네 가지 표현 방식

경극의 표현 방식은 크게 唱,念,做,打의 네 가지로 구분된다. 창은 노래로, 서양의 오페라와 달리 경극의 노래는 음역에 따라 구분하지 않고 극 중 등장인물의 성별, 연령, 신분, 지위, 성격 및 음색과 창법에 따라 서로 다른 배역을 나누어 연출한다. 념은 등장인물의 대사로 경극에서 사건을 설명하고 풀어내는 서사의 역할을 한다. 대사로 상황에 맞는 정서를 표현하는 것은 노래보다 더욱 어려워 많은 훈련과 노력이 필요하다.

주는 배우가 춤을 추듯 동작을 취하며 대사의 전달을 보다 명확하게 하는 몸동작이다.

타는 무예동작으로, 마치 서커스를 하듯 곡예를 넘고 기예를 펼치기도 한다.

이 네 가지 표현방식은 모두 배우의 신체 동작을 이용하여 인물과 상황을 연출해 내는 것이다. 오페라와 달리 경극에는 구체적이고 사실적인 도구가 사용되지 않기 때문에 배우는 신체언어를 통하여 변화무쌍한 인물의 심리 상태를 표현해야 한다.

3. 경극의 4대 배역

경극에 등장하는 인물은 그 성별과 성격에 따라 生, 旦, 淨, 丑이라는 네 개의 기본 배역으로 구분된다.

먼저 생은 성년의 남성배역으로, 나이와 기질에 따라 노생, 무생, 소생 등으로 구분된다.

단은 여성 배역의 총칭으로 청의, 화단, 무단, 호삼 노단, 채단 등이 있는데, 전통 중국사회에서는 여성 배역도 남성 배우가 전담했었다고 한다.

정은 얼굴에 여러 가지 물감으로 화려하게 분장한 배역으로,

(왼쪽부터) 생, 단

성격이 거칠고 호방하
며 큰 소리로 말하기
를 좋아하고 급하면
무공을 쓰기도 한다.

축은 주인공을 돋보
이게 하는 보조 역할
이지만, 축이 없으면
극이 이루어지지 않는

(왼쪽부터) 정과 축

다는 말이 있을 정도로 극에서 중요한 역할이다. 축은 코 주위
만 하얀 색으로 나비모양의 분장을 한다.

4. 경극의 분장

경극하면 가장 먼저 떠오르는 것은 아마도 연기자의 얼굴에 각종 빛깔로 칠해져 있는 형형색색의 분장이다. 얼핏 보기에는 가면처럼 보이지만 실제로는 기름을 섞어 붓으로 직접 그렸다.

관우

이처럼 경극에 등장하는 인물에 맞게 정해진 색깔로 얼굴에 그리는 특정한 도안을 검보(瞼譜)라고 한다. 검보의 종류는 수천 가지에 이르며 각각의 검보마다 서로 다른 함의를 내포한다.

조조

검보에 사용하는 기본색은 검정, 빨강 그리고 흰색을 위주로 하며 일반적으로 경극의 주요 배역 중 정과 축에 해당되는 인물에 검보를 많이 그린다.

검보를 통해서 관객은 등장인물의 개성을 파악할 수 있다. 예를 들어 붉은색 얼굴은 충직함을, 검은색은 호방함을, 파란색은 용맹

포청천

함을, 흰색은 간사함을, 그리고 얼굴 중앙만 하얗게 분장한 것
은 아첨하는 천한 사람임을 나타낸다. 그래서 경극에 등장하는
관우는 붉은색으로, 포청천은 검은색으로, 조조는 흰색으로 얼
굴을 분장한다.

13장

중국인들의 금기

중국인들에게는 써서는 안되는 말, 직접 말하지 않고 돌려서 표현해야 하는 말, 주고 받으면 안 되는 물건 등이 있다. 이러한 것들은 중국 문화의 특이한 현상 중의 하나로, 중국인들과의 실제 교류에 있어서 반드시 알아야 할 금기다.

그러나 중국의 속담 중에 10리마다 풍습이 다르고 100리마다 풍속이 다르다라는 말이 있듯이 중국인들이 일상생활 속에 존재하는 금기의 종류는 천태만상이며, 또한 종족에 따라 지역에 따라 연령에 따라 매우 다양하게 존재하기 때문에 모든 금기 사항을 정확하게 정리하기란 그리 쉬운 일은 아니다.

1. 해음 현상에 의한 금기

중국인들은 해음 현상에 의한 금기가 상당히 많다. 예를 들면 죽을 死와 넉 四의 발음이 같기 때문에 넉 四를 얘기할 때 '죽음'이란 이미지를 연상하게 되는 현상이 바로 해음 현상이다.

중국어에는 이처럼 발음이 유사하여 생겨난 해음현상이 많다. 이는 중국어에 동일한 발음을 갖는 글자가 너무 많기 때문이다. 즉 현재 중국에서 주로 사용하는 한자는 4,500자 정도인데, 중국에는 약 400여 개의 음절만이 있으므로 글자는 다르지만 발음이 같은 글자가 많을 수밖에 없다.

해음현상에 의한 금기사항의 예를 한 가지 들자면, 중국인들에게 과일을 선물할 때 가급적 배는 선물하지 않는 것이 좋다. 왜냐하면 중국어로 배는 梨li라고 하는데, 이때 梨의 발음이 이별하다의 離li와 같기 때문이다. 대신 사과는 선물하기 좋은 과일이다. 이는 사과의 중국어인 苹果에서 苹píng의 발음이 평안하다는 뜻의 平安의 平píng과 같기 때문이다.

부부나 연인 사이에서는 배를 갈라 먹지 않는 금기가 있다. 왜냐하면 배를 쪼개다라는 의미의 중국어인 分fēn 梨li 의 발음이 헤어

지다라는 의미의 分fēn 離lí와 같기 때문이다.

또한 선물을 할 때 탁상시계나 괘종시계는 피하는 것이 좋다. 왜냐하면 시계를 선물하는 것을 送sòng 鍾zhōng이라고 하는데, 이 발음은 '임종을 지키다'라는 의미의 送終과 발음이 같기 때문이다. 단 손목시계는 연상되는 금기 사항이 없으므로 선물로 주고받아도 무방하다.

또한 선물을 할 때 우산도 가급적 피하는 것이 좋다. 왜냐하면 우산을 뜻하는 雨yǔ 傘sǎn에서 傘의 중국어 발음이 '흩어지다'라는 의미의 散sǎn과 같기 때문이다.

2. 좋아하는 숫자

역시 해음현상과 관련이 있는 것으로, 숫자의 발음이 다른 이미지를 연상하게 되어 중국인들이 유독 좋아하는 숫자들이 있다.

1) 六
六은 순탄하게 흐르는 물의 이미지를 떠올리게 되는 흐를 流의 발음인 liú와 발음이 같기 때문이다. 일부 젊은이들은 모든 일이 뜻대로 순조롭게 이루어지기를 바라는 마음에 결혼날짜를 16일, 26일처럼 6이 들어간 날짜를 택하기도 한다. 만약 음력과 양력이 모두 6을 포함하고 있다면, 즉 양력 6월 6일이 음력 5월 16일이라면 이 날은 대단한 길일이 되며, 많은 젊은이들이 이 날 결혼한다. 서양에서 6을 좋지 않은 숫자로 여기는 것과는 매우 대조적이다.

2) 八

중국인들이 가장 좋아하는 숫자는 아마도 八이다. 이유는 숫자 八의 중국어 발음이 發fā 財cái, 즉 '돈을 벌다'에서의 發fā와 비슷하기 때문이다.

물론 현대 중국어에서 숫자 八은 발음이 bā이고, '돈을 벌다'의 '發'은 fā로 조금 다르다. 광동방언에는 입성이 살아있기 때문에 發을 fat로 발음하며, 따라서 숫자 8과 '돈을 벌다'의 發의 발음이 비슷하다.

1980년대 중국의 개혁 개방 정책으로 가장 먼저 큰 돈을 벌기 시작한 광동사람들이 전국을 돌아다니면서 8에 대한 광동인들의 믿음은 이제 모든 중국인들의 바람이 된 것이다.

숫자 8에 대한 중국인들의 선호는 우리의 예상을 훨씬 뛰어넘는다. 예를 들어 8자로 계속되는 전화번호나 핸드폰 번호, 자동차번호 등이 엄청난 프리미엄이 붙는 것은 물론이고, 888원 등 8원으로 끝나는 가격표도 흔히 볼 수 있다.

'發財'라는 표어를 흔히 볼 수 있다.

심양시의 어떤 공장은 30만 위엔, 즉 우리 돈 5천 4백만 원을 주고 전화번호를 888-8888로 구입한다. 호기심에 가득 찬 시민들의 전화가 끊임없이 걸려오면서 30만 위엔의 몇 배에 달하는 선전효과를 거뒀다는 이야기도 있다.

상해의 유명 호텔의 전화번호들을 보면, 신금강호텔이 6415-8888, 포동 상그리라 호텔이 6882-8888, 리츠칼튼 호텔이 6279-8888 등이다.

또한 북경과 상해의 전화 가입자 수가 증폭되면서 기존 세 자리 국번을 네 자리로 변경했는데, 북경의 경우 기존 국번에 8을, 상해의 경우 기존 국번에 6을 더했다. 이 역시 중국인들이 숫자 중에서 8과 6을 선호한다는 것을 나타내주는 것이라 생각된다.

끝번호가 8888로 끝나는 자동차

3) 九

중국인들은 숫자 九도 좋아한다. 이유는 九의 중국어 발음이 '길다, 장수한다' 등의 뜻을 가진 久(오랠 구: jiǔ)와 같기 때문이다.

九는 특히 봉건시대 제왕들이 자신의 만수무강과 왕조의 무궁한 번창을 바라는 마음에서도 선호했으며, 역대 황제들은 천자를 상징하는 용 아홉 마리가 그려진 구룡포를 입었다.

청나라 황제가 살았던 자금성(紫禁城)에는 문이 아홉 개이며, 그 문에 박혀 있는 못도 가로 세로 각 아홉 개씩이고 궁전의 계단도 9 또는 9의 배수로 이루어져 있다. 그리고 자금성 안의 방은 모두 9999와 1/4칸이다.

재미있는 것은 중국에서는 핸드폰 번호도 돈을 내고 좋은 번호를 구입할 수 있는데, 좋은 번호를 얻기 위해서는 우리의 상상보다 훨씬 많은 돈을 내야 한다. 예를 들어 북경의 최대 번화가인 왕푸징의 한 휴대폰 가게에서는 끝자리 8888의 가격을 무려 38만 위엔, 즉 한국돈 6천 8백만 원으로 책정했고, 끝자리

자금성

9999의 가격은 28만 위엔에 내놓았다. 8이 9보다 비싸다는 것
은 오래 사는 것보다는 부자가 되는 것을 더 선호하는 중국인
의 속내를 드러낸 것이다.

3. 싫어하는 숫자

해음 현상 혹은 좋지 않은 역사적 사건 등이 연상되어 싫어
하는 숫자도 있다.

1) 四
四는 죽음을 의미하는 死와 발음이 같기 때문에 싫어한다.
광주와 심천 등지에서는 새로 출고되는 자동차 번호판에서 끝자리 수가 4인 차를 찾아볼 수 없다. 왜냐하면 번호판 끝자리 수에서 '4'를 아예 없애버렸기 때문이다. 광동성, 복건성 등의 지역에서는 병원에 4호 병실을 두지 않고, 버스에도 4번이 없으며, 4층이 아예 없는 빌딩도 있다.

또한 四만 싫어하는 것이 아니라 14와 24도 싫어한다. 왜냐하면 숫자 14, 즉 十四의 발음이 '실제로 죽다'라는 뜻의 實shí 死sǐ와 같고, 24, 즉 二十四의 발음은 '아이가 죽는다'라는 의미의 '兒ér 子zi 死sǐ'와 발음이 비슷하기 때문이다.

2) 73과 84

중국 속담 중에 "73세와 84세에 염라대왕이 당신을 불러서 의논 좀 하자고 한다"라는 말이 있다. 73과 84는 각각 공자와 맹자가 죽은 나이인데, 공자와 맹자 같은 성현도 그 나이에 죽었는데 일반 사람들은 더욱이 그 나이를 넘기기 어려울 것이라는 생각에서 이 숫자를 싫어한다.

3) 45

중국인들은 45세가 되면 나이를 말할 때 "작년에 44살이었다" 또는 "내년이면 46세이다"라고 즐겨 말한다. 이는 판관 포청천이 45세에 사건 해결을 위해 거짓으로 죽었기 때문이다. 즉 45세에 큰 어려움을 당할 수 있다는 미신 때문에 나이를 말할 때 45세라고 말하기를 꺼린다.

4. 까오카오(高考)와 관련된 금기

중국은 매년 6월 초순에 한국의 대학수학능력시험에 해당하는 '보통고등원교통일초생전국고시(普通高等院校統一招生全國考試: 일반대학 입학 전국통일 시험)'를 전국적으로 실시한다.

'세계 최대의 시험', '세계에서 가장 경쟁이 치열한 시험'이라는 별명답게 매년 약 1,000만 명이 응시하며 중국 사람들은 "까오카오에 인생이 달렸다"라고 얘기한다.

1) 국수를 먹지 않는다

이처럼 중요한 시험이기에 역시 여러 가지 금기가 있다. 우선 우리는 표면이 미끄러운 미역을 먹으면 시험에서 미끄러질 것이라는 미신 때문에 미역국을 먹지 않는 금기가 있는데, 중국에는 시험을 앞두고 국수를 먹지 않으려는 금기가 있다.

이유는 전통 방식으로 국수를 만들 때 나무 장대에 국수를 널어서 말리는데 이를 挂guà 라고 한다. 그래서 중국어로 국수는 예전에 '挂面', 즉 '널어서 말린 면'이라고도 불렀다. 그러나 중국어에서 '낙제하다'는 '挂課'라고 한다. 즉 '낙제하다'와 '국수'라는 단어에 공통으로 '挂'자가 들어가기 때문에 까오카오 전에는 국수를 먹지 않는 금기가 있다.

2) 나이키를 입는다

우리는 시험을 볼 때 정답이
면 ○, 틀리면 X를 하지만 중국은
정답이면 √를 표기한다. 따라서
까오카오 때 수험생들은 나이키

를 많이 입는다. 왜냐하면 정답의 기호인 √와 나이키 브랜드
의 모양이 비슷하기 때문이다.

3) 빨간색 옷을 입는다

빨간색을 좋은 색으로 생각하는 중국의 학부모는 까오카오
(高考) 날 대부분 빨간색 옷을 입는다. 택시에도 백미러에 빨간
띠를 달고 수능시험을 보는 학생들을 무료로 태워주는 모습을
자주 볼 수 있다.

중국인들의 해음현상에 의한 금기는 그 역사가 매우 오래된
것으로, 처음 서주시기부터 생겨났다. 즉 '피휘(避諱)'라고 하여
말을 주고 받을 때 특정 글자를 쓰지 않는다. 그 시작은 죽은 사
람의 이름을 일상생활에서 써서는 안 된다는 것에서 시작되었
다. 유학이 정비된 한나라 때에는 죽은 사람뿐만 아니라 지위가
높은 사람들의 이름 역시 생전에는 부르거나 써서는 안 되는 것
으로 점차 엄격해 졌고, 학문과 직위가 아무리 높다고 하더라도
글을 쓸 때 자칫 잘못하여 피휘를 어기면 귀향을 가거나 목숨을
잃기도 하였다.

14장

중국의 혼인문화

전통적 유교사회에서는 관혼상제(冠婚喪祭)가 매우 중시되었
으나 현대에는 혼례와 상례만이 중요시 되고 있다. 다음에서는
중국의 전통 혼인문화와 현대의 혼인 풍속도에 대해서 살펴보
기로 한다.

1. 중국의 전통혼례

혼례는 중국에서 상례와 함께 중시되던 예속으로 단순한 성
인 남녀의 결합이 아닌 씨족과 씨족과의 연계이며 결속을 나타

내는 문화이며 정치적 성격을 갖는다. 고대에는 일부다처제가
생겨 진·한대 이후 계속되었으나 이는 빈부 격차와 신분 고하
에 의해 특정인에게만 해당되는 것이다. 혼인의 절차는 매우
복잡하였다.

봉건 사회의 혼인에 있어 가장 중요한 것은 "부모의 말과 중
매자의 말"이었다. 또한 문당호대(門堂戶對 - 서로 집안의 수준이 맞
음)를 가장 많이 따졌다.

중국은 일찍이 西周 시기에 혼인 절차에 대한 엄격한 규정이
있었고, 한대(漢代)에 와서 '육례(六禮)'라고 일컫는 비교적 갖추
어진 혼일 절차가 형성되었다.

이로부터 六禮는 중국 한족의 혼인풍속으로 정착되었던 것
이다. 육례는 결혼식이 이루어지기까지의 納采, 問名, 納吉, 納
徵, 請期, 親迎의 전 과정이다.

① 納采(납채)

납채는 남자 측에서 여자
측에 아내로 삼기를 결정했
다는 뜻을 전하는 절차이다.
납(納)은 받아들인다는 뜻이
고, 채(采)는 선택의 뜻이며, 즉 구혼(求婚)을 한다는 것이다. 중
매인은 남자 쪽에서 보내는 예물을 가지고 여자 측에 가는데,
漢代 황제들이 황후를 간택할 때의 납채 의식은 상당히 사치스

러워 황금 20만 근, 말 20필 등을 보냈다.

　이러한 풍조는 일반 백성들에게까지 전해져 납채에 있어 재물을 중시하는 경향이 현저하게 나타났다. 여자 측에서 허락이 주어지면 보내는 기러기 선물을 納采라고 부른 데서 유래하였다. 이 선물을 안지(雁贄)라고도 하는데 신랑이 보내는 정식 구혼 선물이다.

▶ 구혼 선물로 기러기를 보냈던 이유

　첫째는 음양론(陰陽論)으로, 기러기는 철새로 음·양의 변화로 형성된 절기를 따라 이동하는데 이는 태양을 따르는 의미로 해석되며 여자는 陰, 남자는 陽을 나

타내어 "여자가 남자를 따른다"는 의미를 가진다.

　둘째는 기러기의 습성에서 나온 것으로 기러기는 한 번 암, 수가 짝을 지으면 혹시 짝을 잃더라도 혼자 지내는 동물로 순정이 상징이다.

② 問名(문명)

　납채를 통과한 다음에 남자 쪽에서 紅帖(청첩장)을 쓰고 중매인을 통해서 홍첩과 예물을 가지고 가서 신부의 부모, 조부,

증조부 등의 근친의 이름
과 관직, 재산 상황, 신부
이름, 그리고 배행(排行)
및 생년월일을 묻는 절차
이다.

　딸은 어머니가 가르치는 것이라고 생각하여 어머니가 어떤
분인가를 알면 신부의 범절을 알 수 있다는 생각에서 나온 풍
속이다. 또 이 자료를 바탕으로 남자 측은 점을 쳐서(반드시 祀堂
에서 행한다) 혼사의 길흉, 양가의 정치, 재정적 균형을 살폈다.
問名에 중요한 부분 중에 하나가 나이 차이다. 일반적으로 남
자가 여자보다 나이가 많아야 한다.

　그리고 나이 차이에 있어 3, 6, 9살 차이는 피한다. 남편이 죄
로 일찍 죽을 수도 있다는 믿음 때문이다. 나이와 더불어 서로의
띠를 묻고 조화 여부를 따진다. 여자의 띠가 남자의 띠보다 강한
속성의 동물일 때 길하지 않은 것으로 여겨 혼인을 꺼렸다.

③ 納吉(납길)

　납길은 남자 측에서 여자 측에 혼인하면 좋을 것이라는 뜻을
전하는 절차이다. 처를 얻는 것은 전체 가정을 위한 것이므로
남자 집에서는 여자 쪽에서 받아 온 성명과 生年·月·日·時
를 가지고 자기 집 조상의 패위 앞에서 점을 쳐야 한다.

　점의 결과가 좋을 경우 그 결과를 중매쟁이를 통해 신부 측

에 통보하고 정식으로 청혼을 선포한다. 환첩(煥帖), 정친(定親), 전경(傳庚)이라고 부르기도 하였다. 모두 붉은색을 사용하여 맨 윗단의 글자 수가 홀수인 경우 남자는 建, 여자는 端자를 추가하여 짝수로 했고 재혼을 연상시키는 중(重), 재(再)등의 글자는 쓰지 않았다. 예물은 짝수로 하였는데 홀수는 상우(喪偶)를 뜻했기 때문이다.

④ 納徵(납징)

납징은 남자 측에서 여자 측에 혼인하기로 결정한 징표로 물건을 보내는 절차이다. 신랑은 신부에게 재물을 보냈으며 신부는 신랑 측에 혼수를 보냈는데 대빙(大聘)이라고도 한다. 납징은 신랑이 재력을 보여줄 수 있는 기회로 폭죽을 터뜨리거나 악대를 고용하여 음악을 연주하며 골목을 돌기도 하였다.

납징 때 신랑이 꺼리는 예물은 신발이다. 신부가 신고 달아난다고 믿었기 때문이다. 신부는 납징의 예물 중 식품류는 돌려보냈다. 신부의 혼수 중에는 이불도 있었는데 이불은 항상 10월에 만들었다. 10은 만수(滿數)로써 십자(열 아들)를 상징했다.

⑤ 請期(청기)

청기는 남자 측에서 여자 측에 혼인 날짜를 정해 달라고 청하는 절차이다. 혼인 관계가 결정된 이후에 처를 맞이할 길한 날

을 선택하고 선택한 吉
日(길일)을 써서 중매인
을 청하여 그것과 예물
을 여자 집에 보낸다.

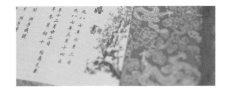

만일 여자 집에서 정한 날짜를 남자 집에서 받아들이지 않으면
바꾸어야 한다.

⑥ 親迎(친영)

친영은 남자가 여자 측에 가서 신부를 데려다가 예식을 올리
는 절차이다. 결혼 날이 되면 신랑은 몸소 중매인과 예물을 가
지고 여자 집에 간다. 먼저 신부의 부모님을 뵙고 다시 신부 측
조상의 사당을 배알하며 예물을 바치고 신부를 청해서 가마(花
轎나 官轎. 집안의 경제력에 따라 한 대 이상)에 태우고 돌아간다.

신랑이 먼저 내려 문밖에서 신부가 가마에서 내리기를 기다
렸다가 방으로 함께 든다. 먼저 天地에 절을 올리고 부모님, 그

리고 부부 순으로 절을 한다. 절이 끝나면 신부는 신랑의 옆자리에 앉되 신랑의 왼쪽 소매를 신부의 오른쪽 소매에 올려놓는다(座帳: 남자가 여자를 거느린다). 그런 다음 신랑이 붉은 보자기로 싼 저울대로 신부 머리의 빨간 덮개를 들춰내고 깔고 앉는다(여자의 惡氣를 없앤다).

다음 만두(餃子: 신부집에서 만들어 신랑집에서 익힌 것)와 장수면(신랑집에서 준비)를 먹는다. 저녁이 되면 喜宴을 열어 손님 접대를 하고 합방을 한다. 합방 전 미혼 남녀들은 이 부부와 장난을 치며 놀기도 한다. 다음날(3일째, 5일째) 신부집으로 가서 신부 측의 친구들과 인사를 나눈다.

이때 신부의 친구들이 신랑에게 장난을 치기도 한다. 이때에 비로소 '六禮(육례)'가 완성되며 신부가 정식으로 신랑의 처가 되는 것이다. 위와 같은 '육례'를 모두 실행하는 것은 광의적 의미로서의 혼례이고, '친영'만으로도 혼례라고 할 수 있다. 왜냐하면 앞의 다섯 가지 '예(禮)'는 혼인의 준비 단계에 속하기 때문이다.

시간이 흐르면서 문벌 사족들의 혼인에 있어서도 육례 의식을 준수하기 어렵게 되었다. 그래서 혼례는 간소화되었다. 게다가 관리나 백성들은 육례가 복잡하다는 이유로 그 격식에 따라 결혼하기를 원하지 않았으며, 송대(宋代)에 이르러 주자(朱子)에 의해, 육례는 더욱 간략화되었다.

이처럼 六禮 중에서 마지막 단계인 친영을 제외하고는 남녀

당사자는 서로 만날 기회가 없을 뿐만 아니라 근본적으로 혼담에 참여할 권리도 없었다. 순전히 부모에 의해서 혼인이 결정되었던 것이다.

2. 현대 중국의 혼인 절차

신중국 건립 이후, 낡은 혼인관습은 여전히 많은 농촌과 도시에서 그대로 행해지고 있었으며, 이러한 중국의 전통 혼례의식은 매우 번거롭고, 낭비적인 요소가 많았다.

특히 많은 사람들이 결혼예물을 마련하지 못함으로써 결혼을 확정하고도 순조롭게 결혼하지 못했으며, 또한 서로 간에 애정이 있는 청춘 남녀들조차 이러한 예물 문제 등으로 부부가 되는 것이 어려웠다.

더욱이 결혼 비용에 너무 많은 돈을 쓰고 빚을 얻다보니, 빚을 갚을 길 없는 집들은 심지어 파산하는 일도 빈번하게 일어났다. 따라서 신중국 정부는 이러한 문제를 해결하기 위하여 통일적인 새로운 '혼인, 장례의식제도'를 마련하게 되었다.

1) 혼인법 제정(制定)과 그 영향

1950년 4월 13일에 정식으로 '중화인민공화국혼인법'을 제정함으로써 기존의 낡은 관습들을 서서히 타파해 갔다. 이

법의 제정이후 결혼예식은 보다 경제적으로 간소화되었고 각 가정의 부담이 줄게 되었다.

이 혼인법을 기초로 1980년 9월 다시 새로운 혼인법을 공포하여 원래의 규정을 강화하고 수정·보완하였으며 결혼 연령은 남자 20세, 여자 18세에서 남자 22세, 여자 20세로 개정하였다.

50년대에 자유연애방식으로 결혼한 비율을 통계적으로 보면 26%로 나타나고 있고, 60년대에는 34.9%로, 70년대에는 17.8%로 떨어졌다가 80년대에는 다시 27% 이상으로 증가하고 있다.

2) 현대 중국의 결혼 절차

전통 방식의 결혼식은 의식 중심의 결혼이어서 절차가 복잡하고 형식이 많았지만 현대의 결혼식은 법률 결혼 중심으로 법적인 결혼 수속을 먼저 거쳐야 한다.

● 법률 수속

결혼할 남녀들은 반드시 해당 관청에 가서 혼인 등록을 해야 한다. 법률상 정해져 있는 절차는 3단계로 나뉘어져 있다. 이를 마치면 정식으로 부부관계가 성립된다.

① 결혼의사를 각자의 직장에 보고하여 "미혼증명서"를 발급받는다.

② 성병 등 부부생활에 영향을 주는 질병이 없는가를 검사하여, 건강진단서를 발급받는다.

③ 위 2가지의 서류와 혼인신고서를 시청, 구청의 출장소에 제출하여 결혼증명서를 취득한다.

　이렇게 세 단계를 거쳐 결혼증명서를 발급받으면 결혼식을 거행하지 않더라도 정식으로 부부관계가 성립하고 법률적으로 부부로써 보호를 받게 된다.

　재미있는 것은 신중국 성립이후 자유연애 사상이 널리 퍼졌는데, 시대별로 선호하는 신랑감이 있었다는 점이다. 예를 들어

1950년대에는 공산당원의 소개로 결혼하는 것이 선호되었고, 1960년대에는 노동자와 군인 출신이 신랑감으로 꼽혔으며, 1970년대에는 지식인이, 1980년대에는 경제력이 높은 사람이, 1990년대에는 외국인과 결혼하여 이민을 가는 것이 유행하였고, 이후 현재에는 해외에 거주하는 화교와 혼인하는 것이 선호되고 있다. 이같은 현상은 1950년대 이후 중국의 사회상을 어느 정도 반영하고 있다.

3) 현대의 결혼식 과정

중국인에게 결혼식 날짜를 정하는 것은 매우 중요한 일이다. 상서로운 날에 결혼하는 것이 아주 중요하며, 가능하다면 좋은 시간에 하려고 한다. 일반적으로 약혼한 커플들은 자신들의 사주에 가장 좋은 결혼 날을 점쟁이에게 물어본다. 중국에서 좋은 날과 나쁜 날은 명확히 차이를 보여준다. 좋은 날은 결혼일로 사람들에게 인기가 많으며, 중국에서는 특별한 날(음력으로 좋은 날)에 사람들이 결혼하기 위해 결혼등록소에 밤새도록 줄을 서는 것은 흔한 일이다.

현대 중국의 결혼식 당일 신랑 신부의 일정은 대략 다음과 같다. 우선, 결혼식 전날, 신부 측의 남성이 신혼집의 침대에 잠시 눕고, 호두, 땅콩, 대추 등을 이불 속에 뿌린다. 이는 악귀를 쫓아내고 누이의 다산을 기원하는 데서 유래되었다.

결혼식 당일이 되면, 신랑은 아침 일찍 신부의 집으로 이동

현대의 결혼 풍속도. 전통 복장 대신 드레스와 양복을 즐겨 입는다.

한다. 신부 측에서 대문을 열어주면 대문 앞에 미리 놓여진 화분을 뛰어 넘는다. 그 다음 신부의 신발을 찾아 신부에게 신겨주고, 신부의 부모님께 절을 한다. 이때 신부 측 부모님은 덕담을 해주는 것이 관례이다. 다음 신부를 업고 웨딩카로 이동하는데, 이때 신부의 발이 땅에 닿으면 안 된다. 대략 10시, 11시쯤 식장에 도착하면, 전통 복장인 치파오(騎袍)로 갈아입고 예식장 입구에서 손님을 맞는다. 이때 복을 알리기 위하여 폭죽이 터지기도 한다.

● 치파오의 유래

원래 치파오는 한족의 의상이 아니라 만주족의 전통 의상이었다. 치파오의 가장 큰 특징은 치마의 양 옆이 갈라져 있다는

점인데, 이는 말을 많이 타던 만
주족이 말을 탈 때 치마의 폭이
좁으면 말을 타기 불편하기 때문
에, 평소에는 갈라진 치마를 단추
로 채우고 다니다가 말을 탈 때는
단추를 풀러 앞뒤로 말아올리기
편하도록 만든 옷이다. 1980년대
상해 지역의 부유한 집 아들이 결
혼을 할 때 세간의 주목을 받던
신부가 처음으로 이 치파오를 오

중국 여성의 전통 복장인 치파오

늘날의 치파오처럼 화려하고 세련되게 개량해서 입었고, 이후
많은 신부들이 결혼식에 치파오를 입기 시작하면서 오늘날에
는 결혼식 때 대부분의 신부들이 치파오를 입는다.

　하객들이 입장하면 신랑 신부도 식장으로 입장하고, 사회자
의 진행에 따라 절을 세 번 한다. 첫 번째 절은 양가의 부모에
게, 두 번째 절은 부부간에, 세 번째 절은 하객에게 한다. 이렇
게 하면 우선 결혼식의 첫 절차가 끝난 셈이다.

　신랑 신부는 현대 복장으로 갈아입고 다시 식장으로 입장하
여 예물을 교환한다. 그 다음 테이블을 돌며 하객들에게 인사
를 하고 술을 권하는데, 주로 결혼을 기념하는 술인 '喜酒'를
마신다. 점심 식사를 마치고 나서 손님을 배웅하며, 첫날밤은
신혼집에서 휴식을 취하기도 하고, 가까운 친구들을 초대하여

밤새 즐겁게 여흥을 즐기기도 한다. 3일 뒤, 신랑이 처가에 방문하여 성대한 식사를 하는데, 이로써 결혼식은 모두 마치는 셈이다.

결혼식 피로연

우리와 다른 점은 주례사가 없으며, 신혼여행 대신 신혼 휴가를 주로 즐기며, 결혼 축의금을 흰 봉투가 아닌 붉은색 봉투, 즉 홍빠오에 넣어 준다는 점이다.

● **결혼식의 음식**

음식은 중국의 결혼식에서 중요한 역할을 하며 상징적인 의미를 띤다. 결혼식이 끝난 후, 신랑의 부모는 신부를 첫 오찬에

266

호텔이나 큰 식당을 빌려 하루 종일 피로연을 한다.

초대하는데, 대개 연회에는 닭, 생선, 버섯, 연꽃씨 등이 요리로 나온다.

이후 신랑과 신부가 신부의 부모님을 뵈러 가는데, 이때 신랑은 신부의 부모에게 구운 어린 돼지를 선물한다. 이것은 전통적으로 결혼 후 세 번째 날에 보내지며, 신부가 처녀라는 것을 나타내는 것이다.

4) 결혼식 비용

1950, 60년대의 결혼식은 매우 소박하게 치루어졌다. 즉 신랑은 중산복을 입고 신부는 붉은색 옷을 입었으며 꽃과 모택동 어록집을 들고 사진을 찍고, 하객도 양가의 가족만 초청하여 식사 한끼하는 정도로 간소했다.

1970년대에도 중반까지도 검소하게 치루어졌는데, 재미있

는 것은 혼수로 3轉이 인기가 있었다. 3전이란 세 가지 돌아가
는 것을 말하는 것으로 선풍기, 자전거, 재봉틀이다.

축의금도 돈 대신 이불이나 고기, 가구 등을 선물하는 것이
유행이었고, 신랑은 중산복을, 신부는 붉은색 옷을 입고 가족
과 가까운 친구를 초대하여 식사를 하고 선물로 사탕이나 담배
를 나누어 주는 정도로 조촐하게 치루어졌다.

그러나 80년대 이후, 개혁개방과 함께 경제적으로 여유가
생기고 경제적 능력이 사람의 능력을 판단하는 중요한 기준이
되면서 결혼식 모습에도 차츰 변화가 생겼다. 즉 이전과 같은
소박한 결혼식은 체면이 손상되는 일로 여겨졌고, 경제적으로
부담이 되더라도 가능한 성대한 결혼식을 치르려고 한다.

요즘은 식당이나 호텔을 빌려서 결혼식과 피로연을 함께 하
는 것이 일반적인데, 최근에는 대도시를 중심으로 전문 예식장
이 생겨서 많은 젊은이들이 선호한다. 결혼식 당일 신랑은 신
부의 집으로 가서 신부와 하객을 모시고 결혼식장으로 향하는
데, 이때 신랑 신부와 하객들이 타고 이동하는 자동차의 등급
으로 결혼식의 성대함을 판단하기 때문에, 신랑은 무리를 해서
라도 여러 대의 외제 차를 동원한다.

최근 중국에서는 급증하는 결혼 비용이 사회문제가 되고 있
는데, 결혼 비용의 대부분은 한국에서와 마찬가지로 가전제품
등 혼수비, 실내장식비와 연회비용이 차지한다.

10만 위안(약 1,700만 원)의 결혼 비용을 쓴 신혼부부의 경우

결혼식 차량 행렬, 노란 스포츠카에 신랑, 신부가 타고, 나머지 붉은색 고급차에는 친인척과 친구들이 탄다.

가전제품 구입에 약 31,500위안, 아파트의 실내 장식과 수리에 2만 위안, 가구 구입에 8천 위안, 연회비로 3만 위안 정도를 지출한 것으로 나타났다. 또한 결혼 비용을 자력으로 장만하는 젊은이들의 비율이 점차 떨어지고 있는 것도 사회 문제가 되고 있다. 1993년까지만 해도 60% 이상이 신랑 신부의 힘으로 결혼을 했으나 이후 2000년대에 들어서서는 48%로 떨어졌고, 5년 전에는 약 31.7%로 낮아지고 있는 것으로 조사됐다.

그러다 보니 부모들의 경제적 부담이 늘었고 빚을 지는 경우가 많아졌다. 결혼하는 남녀의 20% 정도가 평균 1만~2만 위안의 혼수 빚을 지고 있는 것으로 나타났다. 이에 따라 중국의 일부 청춘 남녀들은 감히 연애할 생각을 못하고, 몇 년씩 연애해 온 사이라도 결혼을 결행치 못하는 경우가 많다.

● 裸婚 [luǒhūn]

80년대 이후, 중국에서는 개혁개방과 함께 경제적으로 여유가 생기고 경제적 능력이 사람의 능력을 판단하는 중요한 기준이 되면서 결혼식 모습에도 차츰 변화가 생겼다. 즉 이전과 같은 소박한 결혼식은 체면이 손상되는 일로 여겨졌고, 경제적으로 부담이 되더라도 가능한 성대한 결혼식을 치르려고 한다. 하지만 이러한 사회적 풍조는 결혼을 앞둔 젊은이들과 부모들에게 상당한 부담이 되었고, 최근에는 이러한 풍조에 반하여 결혼을 할 때 집도 차도 없이, 심지어 결혼반지도 없이 결혼하는 젊은 부부들이 많아지면서 裸婚(루어혼)이라는 신조어가 만들어졌다.

무 결혼식, 무 드레스, 무 반지, 무 신혼여행, 무 주택, 무 자동차 등으로 요약되는 '裸婚'은 처음에는 결혼에 필요한 경제적 능력이 없어 혼인신고만 하고 신혼생활을 시작하는 도시 젊은이들을 가리켰으나, 최근에는 체면보다는 실속을 차리려는 젊은 부부들이 결혼 비용을 줄이고 소박하게 결혼식을 치르는 사회적 현상을 지칭하게 되었다.

15장

중국의 장례문화

전통적으로 중국 사회는 유교문화의 영향으로 장례 절차가 매우 복잡하고 까다로왔으며, 이미 주나라 때부터 엄격한 절차와 예법이 만들어졌다.

1. 전통적인 장례 절차

첫째, '소렴'으로 망자의 시신을 청결하게 한 후 준비된 수의로 갈아입히는 단계이다.

두 번째, 망자의 입에 돈이나 옥을 넣고 시신을 관에 넣는

'입관' 절차이다.

세 번째, 제단을 설치하고 친지들의 조문을 받는 단계로 '대렴'이라고 한다.

네 번째, 망자가 생전에 즐겨 사용하던 물건을 관에 넣는 절차로 '부장'이라고 한다.

다섯 번째, 종이돈을 태우는 단계로 '소지전'이라고 한다.

마지막은 시신을 묘지에 안치하는 단계로 '송장'이라고 한다.

● 燒紙錢(소지전)

'소지전'이란 종이돈을 불로 태워 그 연기를 하늘로 올려 보내는 것인데, 전통적으로 중국인들이 저승세계에서도 돈이 필요하다고 여긴 데에서 유래했다. 여기에는 제법 오래된 유래가 있다. 우선 하나라 때에는 살아있는 사람이나 진귀한 보석을 함께 순장하는 풍습이 있었다. 이후 춘추시대에는 살아있는 사람 대신 나무나 흙으로 만든 사람 모양의 목용이나 토용을 순장하였고, 한나라 때는 이런 것 대신 돈을 직접 부장했다. 그런데 진짜 돈을 부장하다보니 도굴꾼들이 돈을 노리고 묘를 훼손하는 일이 많아지자, 종이로 만든 가짜 돈을 대신 부장하기

시작했다.

오늘날에는 종이돈 말고도 평소 망자가 좋아하던 자동차, 집 등 갖가지 모양의 지전이 사용되고 있으며, 심지어 코카콜라 모양의 지전도 있다.

2. 현대의 장례 절차

복잡하고 까다로왔던 중국의 전통 장례 절차는 신중국 성립 이후 매우 간소화되었다. 요즘에는 전문 장례식장까지 생겨나면서 장례의 모든 절차를 대행한다. 우선 누군가 사망하면 공안국에 사망신고서를 제출하고 유족은 빈의관에 연락하여 시신을 운구차로 빈의관까지 이송한다. 빈의관이란 현대 중국에서 새로 생겨난 일종의 장례 대행업체로 장례식과 화장, 그리고 납골까지 빈의관에서 모두 도와준다.

빈의관에서 소정의 수속을 거친 후, 시신을 안치하는데, 이 때는 향을 사르고 초를 켜며 지역에 따라서는 폭죽을 터트리는 풍습도 있다. 유족은 부고를 내고 빈의관의 담당자와 상담하여 조문시간, 장례형식과 절차 등을 결정한다.

빈의관에는 고별식장이 마련되어 있는데, 장례는 이곳에서 추도식의 형태로 간소하게 진행되는 경우가 많다. 유족은 검은 색 옷을 입으며, 상주는 왼쪽 팔에 '孝'자가 새겨진 검은색 띠 를 찬다. 조문객은 우리나라와 마찬가지로 화려한 옷을 입지 못하며 짙은 화장을 해서도 안 된다.

현대 중국의 장례식 사진

추도식은 개회식 선언으로 시작되며, 전체가 기립한 상태 에서 애가 연주가 이어진다. 상주는 헌화 후에 제문을 읽고 관 을 향해서 세 번 절을 하고 내빈에서 한 번 절을 한다. 조문객은 망자를 한 번 둘러보며 망자와 마지막 인사를 하고, 유족에게 위로의 말을 건네는데, 이것으로 장례 절차는 우선 마무리 된다.

3. 현대 중국의 화장문화

전통 중국사회에서는 당연히 시신을 땅에 매장하는 것이 孝라고 생각했고, 시신을 훼손하는 것은 불효라고 생각했다. 그런데 장지를 마련하기 위해 엄청난 돈이 필요하자 10세기 말부터 일반 서민들 사이에서는 화장하는 풍습이 시작되었다.

이처럼 화장 풍습이 이미 시작되었음에도 12세기 초 당시의 유생들이 이는 법도에 어긋나는 일이라며 화장문화를 강력히 비판하였고, 가난한 서민들을 위해서 나라가 나서서 장지를 마련해 주어야 한다고 주장하였다. 이에 나라에서는 일부 산들을 장지로 제공하여 주었고 이것이 중국 최초의 공동묘지가 되었다.

그러나 신중국 성립 이후, 1956년에 모택동이 화장 도입을 제창하였고, 주은래 등이 이를 몸소 실천하면서 매장 제도를 규제하는 '장묘문화혁명'이 시작되었다. 특히 주은래 총리는 생전에 "나의 유해를 화장하여 조국 산하에 뿌려 달라"는 유언을 남겼고, 1976년 실제로 주은래 총리가 사망하자 장례 위원

장을 맡은 등소평은 주은래 총리의 유언대로 시신을 화장하고
유골을 비행기를 타고 전국을 돌며 흩뿌렸다고 한다.

등소평 주석 역시 1997년 사망한 이후 유언에 따라 사망 직
후 각막과 장기의 일부는 해부학 연구용으로 기증하고 화장을
했다. 또한 대만과의 평화통일과 홍콩의 반환을 보고 싶다고
했던 망자의 유지를 받들어 그의 뼛가루를 비행기에 실어 광동
앞바다에 오색 꽃잎과 함께 뿌렸다고 한다.

인민의 존경을 한 몸에 받았던 이런 정치 지도자들이 몸소
화장을 실천하면서 중국에서 화장 문화는 빠르게 확산되었고,
현재 중국 대도시의 경우에는 90% 이상이 화장을 한다. 또한
망자의 시신을 화장한 후 유골을 땅에 묻고 봉분을 세우는 대
신 나무를 심는 수장(樹葬)도 널리 보급되고 있다. 수장은 국토
면적의 감소를 막고 삼림자원을 풍부하게 해주는 긍정적인 효
과가 있다. 물론 농촌지역의 경우 화장 시설이 없어서 매장을
하는 곳도 있으며, 소수민족 중 회족의 경우, 종교적인 이유로
매장을 한다.

특이한 장례법으로는 서장 티베트자치구에서는 라마승의
경우, 일부에 한하여 천장(天葬), 즉 조장(鳥葬)을 하는데, 이는
망자의 시신을 산언저리에 놓아두면 굶주린 독수리 떼들이 달
려들어 망자의 시신을 뜯어먹는 방식이다.

티베트 사람들은 독수리가 시신을 뜯어먹고 높이 날아올라
야 망자의 영혼도 하늘 높이 올라간다고 여긴다. 이는 아마도

라마승들이 토지를 아끼려는 생각에서 이같은 장례법을 고안
한 것이라고 생각된다.

16장

중국의 이혼 문제

　요즘 우리나라도 황혼 이혼부터 신혼 이혼까지 이혼률이 높아져서 사회적으로 문제가 되고 있는데, 중국 역시 높은 이혼율로 골머리를 앓고 있다. 다음에서 중국 사회의 이혼 문제에 대해서 살펴보기로 한다.

1. 전통 사회에서의 이혼

　고대 중국의 경우, 여성이 평생 지켜야 할 덕목으로 삼종사덕(三從四德)을 강요하였다.

三從이란, 출가 전에는 아비를 따르고, 출가 후에는 남편을 따르며 남편이 죽고 나면 아들을 따른다는 것으로, 평생을 남성을 따라야 한다는 것이다.

四德이란 정조를 지키고 남편에게 순종하며, 아름답고 바른 말씨를 써야 하고, 단족한 의복과 외모을 유지하고 베짜기나 자수 등의 기술을 익혀야 한다는 것이다.

수천 년간 중국의 여성들에게 강요해 온 삼종사덕으로 인하여 봉건사회에서의 여성의 사회적 지위는 매우 낮을 수밖에 없었고, 심지어 이름조차 없는 경우가 많았으며 결혼 후에도 재산에 대한 권리는 없었다.

이혼과 관련해서도 칠거삼불거(七去三不去)라는 말이 있었는데, 즉 아내가 불효하거나 불임이거나, 바람을 피거나 질투를 하거나, 악처이거나 수다쟁이거나, 도둑질을 하면 남성은 여성을 쫓아낼 수 있었다고 하는데 이를 七去라고 한다.

반면 삼불거는 결혼 후에 여성의 친정 식구가 모두 죽어 돌아갈 곳이 없거나, 시부모의 삼년상을 남편과 함께 치루거나, 결혼 전에는 가난했으나 결혼 후에 부자가 된 경우에는 삼불거라 하여 남성도 함부로 여성을 내쫓지는 못했다.

이러한 전통의 영향으로 중국의 경우, 신중국 성립 이전까지는 남녀 이혼에 대한 자유가 없었다. 즉 남성은 원하는 경우 여성과 이혼할 수 있으나, 여성은 자유롭게 이혼할 수 없었다.

2. 현대 중국에서의 이혼

신중국이 세워진 후, 1950년에 처음으로 이혼법이 제정되었으나, 여러 가지 정치적인 원인으로 현실화되지 못하다가 1980년에 다시 제정되었다. 1980년에 제정된 이혼법은 총 5장 37조로 구성되어 있는데, 원칙적이고 개괄적인 내용만 규정하였기 때문에 개정 및 보완에 대한 요구가 끊임없이 있어 왔고, 20년이 지난 2001년에야 비로소 현실에 맞게 개정되었다.

최근 중국은 급속한 경제성장과 함께 이혼하는 부부 역시 꾸준히 늘고 있다. 이를 신조어로 閃婚(섬혼), 閃離(섬리)라고 한다. 마치 불꽃이 번쩍이듯이 결혼하고, 곧 이혼하는 현실을 반영하

여 새로 만들어진 단어이다. 이렇게 빨리 결혼하고 빨리 이혼하는 주인공들은 대부분 1980년대 이후 태어난 獨生子女 즉 외동딸, 외동아들이다. 이들은 결혼을 빨리 하는 만큼, 이혼도 빨라서 사회적인 문제가 되기도 한다.

그럼 소황제들은 왜 이렇게 빨리 결혼을 결정하고, 빨리 이혼을 택하는가? 1978년 이후 중국의 산아제한정책으로 태어난 독생자녀들이 어느새 30대가 되었다. 이들은 전통적으로 다산을 중시하던 중국인에게 있어서 매우 소중한 존재였다.

이런 독생자녀들은 친구의 소개로 만나 몇 번 전화 통화를 하고는 결혼하는 경우도 있다. 이들이 이혼까지 가는데 걸리는 시간은 대략 6개월 정도라고 하니 사회적인 문제가 될 만도 하다.

실제로 2008년 중경시의 통계에 의하면 결혼 후 1년 이내 이혼률이 25.7%로, 72,860쌍이 결혼하면, 이 중 18,730쌍이 1년 내 결혼하고 1년 내 이혼한다고 한다. 2015년 통계에 의하면 이혼률이 높은 도시는 북경이 39%, 상해 36.25%, 심천 36.23%, 광주 35%, 하문 34.9%로 나타난다. 결국 경제적으로 풍족한 도시의 이혼률이 높다는 결론이다.

이혼 절차 역시 이혼률에 영향을 끼쳤다. 신중국 초기에는 이혼을 하기 위해서는 소속 기관장과 지역 위원회의 승인을 받아야만 했기 때문에, 체면을 중시하는 중국인들은 이혼을 하지 않고 참고 사는 경우가 많았다. 그러나 2003년 중국 국무원은 혼인등기조례를 수정하여 이혼 절차를 매우 간소화하였고, 그 결과 당일 이혼도 가능해졌다.

이후 중국 사회에서 높은 이혼율이 사회적 문제로 부각하자 중국 정부는 이혼을 막기 위해 여러 가지 대책을 내놓았는데, 예를 들어 베이징, 상하이, 총칭, 티엔진 같은 직할시에서는 이혼 등록을 하는 기관 옆에 결혼가정지도센터를 만들어 심리 상담을 무료로 해주며 이혼 전에 한 번 더 고민할 수 있는 기회를 제공한다.

또한 일부 도시에서는 '이혼예약제'를 실시한다. '이혼예약제'란 이혼 신청 후 바로 처리해 주지 않고 일주일간의 재고의 시간을 주는 제도이다. 실제로 이 제도를 시행한 이후 운남성의 경우 '이혼예약'을 신청한 부부 중 약 47%가 생각을 바꿔 이혼을 하지 않았다.

17장

전통 사회에서의 중국 여성의 지위

전통 사회에서의 중국 여성은 남성에 비해 월등히 낮은 사회적 지위로 고통받았다. 다음에서 전통 사회에서의 중국 여성에 대해 간략히 살펴보기로 한다.

1. 중국 여성의 사회적 지위 변천 과정

'혼인'이란 개념이 없이 다수와 다수간의 원시 잡교가 성행했던 고대사회에서는 출산한 아이의 '어미는 알지만 아비는 모른다(知母不知父)'는 이유로 아이의 소유권이 엄마에게 귀속

되었고, 다수의 아이를 소유한 여성이 남성보다 우월한 사회적 지위를 누리는 모계사회를 형성하였다. 즉 당시의 자녀는 노동력과 직결되었기 때문에 자녀를 많이 거느린 자가 사회적으로 높은 권력을 행사했을 가능성이 높다.

이후 생산경제가 발달하고 일대일의 혼인제가 정착되면서, 자녀는 아비의 소유로 바뀌게 되었고, 생산물의 소유제가 실시되면서 모계사회는 소멸되고 부계사회가 시작된다. 이후 남성은 계급 사회를 조직하고 권력을 지향하여 자신의 혈통에 대한 집착을 갖게 되었다. 이러한 과정에서 여성은 상품경제의 수단이자 자본이었으며, 남성의 지위와 권력을 유지하기 위한 도구로 전락하였다. 즉 잉첩(媵妾)제가 성행하고, 은(殷)나라 때는 왕이나 남성이 사망할 때 여성을 함께 넣어 생매장하는 순장(殉葬)이 유행하였다.

주(周)나라에 이르러 종법 제도가 성립되면서 집권자들이 권력과 재산을 독점하기 위해, 강력한 여성 단속을 통해 혈통을 유지하였다. 이때부터 여자는 시가의 대를 잇기 위한 '자식 낳는 도구'로 전락하였다. 또한 축첩 제도의 성행으로 남성에게만 주어지는 여성에 대한 무제한 소유제도 유행하였다. 춘추전국시대에 이르러 잉첩 제도가 표면적으로는 사라졌으나 그 변형 형태가 후대(청나라)에까지 지속되었다.

한(漢)나라에 이르러서는 유학의 발전으로 여성에게 수절을 강요하는 풍습이 유행하였고, 예기(禮記)에서는 남녀유별이 불후의 진리이며, 인간의 근본 도리이라고 피력했다.

위진남북조 때에는 처와 첩을 전당 잡히거나 세를 놓기 시작함으로써 사회적으로, 법적으로 가난한 백성들의 생계 수단으로 정착하였다. 한편 인구 팽창정책의 일환으로 과부에게 재혼을 적극 권장하는 풍토도 마련되었다.

송나라 때는 11세기에 등장하여 남송 시기에 성행하기 시작한 전족(纏足)으로 여성에 대한 억압이 강화되었다. 전족에 대해서는 뒤에서 자세히 다루기로 한다. 또한 송대의 주희(朱熹)는 삼강오륜 도덕을 체계화하고 정절을 여성의 도덕적 의무로 규정하여 남자가 義(의)를 위해 목숨을 바치는 것과 동일하게 정조를 지킬 것을 강조했다. 원에 이르러 전족은 일부 귀부인들 중심으로 더욱 확대되었다.

명, 청시대는 성리학이 성행하여 봉건 예교를 강조하며 여성을 억압하였고, 특히 명나라 때는 전족이 전성기를 맞게 되었다. 황궁의 여자들은 전족이 필수가 되었고, 전족 경연대회까지 열려 전국적으로 독특한 형식과 체계를 갖춘 축제가 되었다. 이 축제는 1949년 신중국 성립 후 법적으로 금지되었다.

청나라 말기에 마침내 수절에 반대하는 움직임이 나타났고 이후 중국이 근대화로 향해가는 과정에서 여성에 대한 봉건적 억압을 폐지하려는 노력이 일어난다. 예를 들어 1911년의 신해혁명을 통해 봉건문화에 대한 비판운동이 전국적으로 일어났고, 1915년에 발기된 신문화 운동은 서구 자본주의의 유입으로 봉건 문화에 대한 총체적 반성과 함께 예교에 대한 격렬한 비판운동을 전개시켰다. 이러한 추세에도 불구하고 당시의 정권은 여성의 예속을 유지하기 위해 봉건 도덕의 부정적 측면을 권력에 악용하였다.

2. 봉건사회의 악습 - 전족(纏足)

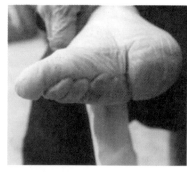

중국 전통사회를 붕괴시킨 세 가지 원인을 많은 학자들은 봉건제, 환관, 전족이라 한다. 그만큼 전족은 전통중국사회에 많은 영향을 끼친 악습이다.

전족이란 악습은 문헌의 기록을 보면 위진남북조 때 이미 시작되었다고 하며, 전해오는 설에 의하면 당 이후 남당 후주의 빈이었던 요낭이 흰 비단으로 발을 감싸고 초승달 모양으로 발끝을 구부려 금으로 만든 연꽃 안에서 춤을 추었는데, 그 모습이 가냘프고 아름다워 세상 사람들이 그것을 흉내 내면서 시작되었다고 한다. 이후 송나라 때와 원나라를 거쳐 명, 청 시대에 보편적 문화가 되었다. 다음에서 전족에 대해서 살펴보기로 하자.

1) 전족을 만드는 과정

우선 여아가 4-5세 정도가 되면 발을 단단한 천으로 조이면서 점점 발을 작게 만든다. 아이들이 고통을 참지 못하고 풀어 버리지 못하게 헝겊을 꿰매어 둔다. 이렇게 싸맨 발을 잠잘 때 높이 올려둔다. 이는 정상적인 혈액순환을 방해하여 성장을 멈추게 하기 위한 것이다.

전족은 만들어가는 고통만 있는 것이 아니라 그렇게 기형적으로 작아진 발로 걷는 연습도 함께 해야 한다. 이때 발이 작으면 작을수록 고통이 덜하다고 하는데 이는 발과 다리에 마비현상이 오기 때문이다.

당시 큰 발은 상스럽고 수치스럽다 여겨졌기 때문에 보통 전족을 해주던 어머니들은 아이들을 달래고 때려서라도 전족 만들기에 노력했다. 귀족들은 '발할미'라 부르는 전문가를 불러 전족을 했는데 이들은 솜씨가 좋아 아이들의 고통도 덜하고 완성 후에도 더 맵시가 좋았다

고 한다.

기녀들은 남자의 마음을 끌기 위해 예쁜 전족 만들기에 모든 노력을 기울였는데, 부잣집에서는 이러한 기녀를 불러다 전족 만드는 법을 배웠다.

2) 전통사회에서의 미적 기준

발이 얼마나 작은가에 따라 등급을 매겨 미의 기준으로 삼았다. 중국에서는 예로부터 미녀를 상징하는 '삼촌금련'이라는 말이 있는데 이 말의 뜻은 발의 길이가 3寸(약 10cm) 이하일 때 가장 아름답다는 뜻으로, 가장 예쁜 전족을 의미한다.

송나라때 전족한 여성의 발 크기는 평균 13cm 정도였는데, 명나라에 이르러서는 더 작아져서 평균 10cm가 되었다고 한다. 가히 손바닥 안에서 놀릴 수 있는 크기이다. 그 외에도 전족을 한 발은 가장 신비하고 비밀스런 부분으로 남에게 함부로 보여서는 안 됐고, 항상 치마 밑으로 살짝만 드러나도록 했다.

이렇게 작고 예쁜 발을 만들기 위한 노력은 신분을 막론하고 행해졌다. 그러나 상류 귀부인들은 옆에 도와줄 하인이라도 있었지만 평민 아낙들은 전족을 한 발로 밭에 나가 일을 해야 했다.

전족이 가장 전성했던 명나라의

전족은 금지시킬 필요가 있을 정도로 유행했고, 상류 여인들의 계급과 신분을 상징했다. 청나라 강희(康熙) 3년에 한족의 전족을 금지했으나 전족은 이미 상류층뿐 아니라 일반 민중에게도 퍼져 있어서 금지령은 소용이 없었다.

3) 전족경연대회

명나라 때부터 전족 경연대회가 열렸다. 전국적으로 지방색에 맞추어 다양한 형태로 열렸는데 이는 곧 하나의 축제가 되었다. 전족 경연대회에 나가는 여인들은 얼굴을 가려야 했다. 왜냐하면 오로지 발의 크기와 전족의 완성도만을 가지고 경연을 해야했기 때문이다. 전족 경연대회는 하나의 문화가 되어 정부의 금지에도 불구하고 한동안 쉽게 없어지지 않았다.

4) 전족을 하는 이유

중국 역사에서 전족은 중국 여성을 동여매는 가장 큰 굴레가 되었다. 그렇다면 중국에서는 왜 전족을 하였는가? 첫째는 발을 작게 만들어 여성의 바깥출입을 통제하기 위한 것이다. 송나라 때의 음양론에 의하면 여자는 정적이고 수동적인 존재라고 정의한다. 여자는 조용히 집 안에 앉아, 남편을 내조해야 했다. 또한 자신의 부인을 다른 남자들에게 보이지 않기 위한 질투심에 근거한 가두기가 목적이기도 했다. 당시 여성에 대한 억압이 절정을 이루었고 그 도구로 전족이 발생한 것이다. 다시 말해서 전족은 여성을 억압하는 데에 가장 큰 역할을 했음을 알 수 있다.

두 번째는 성적 쾌락 추구이다. 꽉 조여진 발로 걷다 보니 여성은 자연스레 뒤뚱거리게 된다. 엉덩이와 허벅지에 힘이 쏠려 여성의 질 근육이 비정상적으로 발달하게 된다. 이런 불안정한 자세로 뒤뚱거리며 걷는 여성의 모습에서 남성들은 성적 흥분을 느꼈고 남에게 의지하지 않고는 걷기조차 힘든 여성의 가련한 모습은 남성의 보호본능을 자극했다. 또한 기형적으로 발달한 여성의 질 근육은 성 관계시에 남성에게 큰 쾌락을 안겨 주기도 했다.

18장

현대 중국 여성의 사회적 지위

　전족으로 대변되는 전통중국사회에서의 여성의 지위는 중화인민공화국 설립 이후 수십 년 만에 남성에 버금가는 지위로 향상되었다. 다음에서 중국 여성의 사회적 지위가 향상된 과정과 배경에 대해서 살펴보자.

1. 半遍天(반변천)

　1949년 10월 1일, 모택동은 천안문 광장에서 새로운 중국의 탄생을 알리며 半遍天(빤뼤엔티엔), 즉 "여성도 하늘의 절반을

떠받들 수 있다(妇女顶起半边
天)"라는 말을 한다.

이 말은 여성도 남성과 동
일하게 사회주의 건설과 사
회 발전에 책임을 져야 하며
또한 남성과 똑같이 사회적
지위와 권익을 보장받아야
함을 강조한 것이다. 이 한마

新生事物春满园 妇女顶起半边天

디 말의 파급력은 매우 커서 수천 년 동안 억압 속에 눈물을 흘
리던 중국의 부녀자들은 비로소 해방의 문을 열기 시작했다.

모택동 정부는 이어서 중화전국부녀연합회(中华全国妇女聯合
会)를 만들고, 1950년 3월 8일에 혼인법을 제정하여 남녀결혼
의 자유와 일부일처, 남녀의 권리평등, 여성의 교육보장, 여성
과 유소년의 권익 보호 그리고 자유결혼 등의 내용을 성문화하
여 공포하였다.

2. 대약진운동과 同工同酬(동공동수)

1958년부터 1960년까지 중국에서는 '사회주의 건설 총노
선' 등 사회전반을 사회주의로 개조하기 위한 농공업의 大증
산 정책이 실시되는데, 이것을 '대약진운동'이라고 부른다. 목

표는 향후 10년 안에 영국을 뛰어넘는 세계 최강의 제철국가를 완성하자는 것이었다.

이 목표를 달성하기 위하여 마을마다 용광로를 짓고, 집집마다 모든 철을 회수했다. 심지어 안경테, 숟가락, 젓가락마저도 모두 회수했고, 집집마다 가장들은 농사도 뒤로 한 채 마을 용광로에 나와 하루 종일 강도 높은 노동을 했다. 그럼에도 대약진 운동 초기에 성과가 너무나 미미했다.

모택동 정부는 그 원인을 분석했다. 분석 결과, 노동력이 부족하다는 것이었으며, 노동력이 부족한 이유는 부녀자들이 가사 노동, 즉 집안 살림, 아이들 육아 등을 해야 했기 때문에 노동현장에 나올 수 없다는 것으로 드러났다.

이에 모택동 정부는 마을마다 공동 식당, 공동 탁아소를 설립했다. 이때부터 부녀자들은 매일 집에서 살림하는 대신 당번인 날에만 마을 공동 식당에 나가 마을 사람들 밥을 준비했으며, 당번인 날에만 마을 공동 탁아소에 나가 마

을 전체 아이들을 돌보게
되었다. 남는 시간은 오로
지 대약진 운동 노동현장에
서 남편과 똑같이 일을 했
고, 똑같은 보수를 받았다
(同工同酬).

경제적으로 남편과 동등
해지면서 부녀자들의 사회
적 지위는 남편과 동등한
수준으로 상승되었다. 즉
경제권이 동등해지면서 더

이상 가부장적인 남편에게 순종할 필요가 없게 된 것이다.

대약진운동은 철저하게 실패로 끝나고, 이를 계기로 모택동
이 정치 일선에 물러나게 되었지만, 중국의 여성들은 대약진운
동의 부산물로 집안의 가사노동에서 해방되었고, 남성들과 똑
같이 일하며 똑같은 보수를 받게 되었으며 이는 중국 여성들의
사회적 지위를 제고시키는 결과를 낳게 되었다.

3. 현대 중국 여성의 지위

대약진운동 당시 노동 현장에서 일하던 부녀자의 자녀들이

어느덧 성장하여 또 다른 부녀자가 되었다. 이들은 어릴 적부터 엄마가 해주는 아침밥을 먹어본 적이 없다. 마을 공동 식장에서 밥을 먹었고, 마을 공동 탁아소에서 보살핌을 받으며 성장한 것이다.

따라서 그 아이들이 성인된 지금, 중국의 부녀자들은 집안 살림을 위하여 자신을 희생하고자 하는 마음이 별로 없다. 자신들의 엄마들이 그랬던 것처럼 많은 여성들은 어린 자녀들을 탁아소에 맡기고 자녀양육의 부담으로부터 해방된 삶을 살며 남편과 동등하게 일하고, 똑같이 돈을 벌며, 집안일도 남편과 동등하게 나누어 하려고 한다.

겉으로 보기에 현대 중국 여성의 사회적 지위는 남성과 동등해 보이지만 그 과정을 살펴보면 여성의 노동력 확보를 위한 정치적 정책의 결과로 여성의 지위가 상승한 것이라고 할 수 있다. 또한 도시와 농촌의 여성은 사회적 역할과 가정 내에서의 지위 등에 있어서 매우 현격한 차이를 보인다.

① 도시의 여성

1990년 중국의 인구 통계자료에 따르면 노동 능력이 있다고 판단되는 15세에서 60까지의 중국 여성 중 83.7%가 취업 인구인 것으로 밝혀졌다. 이는 전 세계적으로 유례를 찾아 볼 수 없을 정도로 높은 수치이며 중국 여성들의 사회활동 참여가 얼마나 보편화되어 있는지 알 수 있다.

취업 인구 중에서 여성이 차지하는 비율을 봤을 때도 중국은 44.96%로 일본의 37.0%, 인도의 17.4%, 미국의 40.0%보다 훨씬 높은 것으로 나타났다. 특히 중국은 1978년 개혁 개방 이후 사회의 발전과 기계화로 인하여 여성의 여유시간이 늘어나면서 매년 4.3%씩 직업여성의 수가 늘어나고 있으며 1990년을 기준으로 취업가능 인구 약 6억 4천만 명 중 약 2억 9천만 명 정도가 취직 여성이라고 한다.

이처럼 중국 도시여성의 취업률이 높은 배경에는 여성들을 위한 중국사회의 탁아 및 육아시설과 사회 제도적 장치, 그리고 남녀의 가사분담 등이 주된 요인으로 보인다. 표면적인 통계로만 봤을 때는 중국은 거의 완전한 남녀평등사회가 된 것 같으나 실제도 그러한 것인가에 대해서는 조금 더 철저한 관찰이 필요하다.

② 농촌의 여성

전통적인 문화의식이 지배적인 농촌의 구조적 특성상 농촌에 거주하는 대다수의 여성들은 교육의 기회를 박탈당하고 과중한 육체노동과 가사노동에 시달리고 있다.

1990년의 통계에 따르면 중국의 12세 이상 인구 중에서 완전문맹 인구는 대략 2억 2천만 명 정도인데 그중의 여성은 1억 5천만 명으로 70%에 해당한다. 이 70%는 아마도 대부분 농촌 여성에 해당하는 수치일 것이다.

또한 중국 농촌의 경우 영세한 규모로 가족 단위 노동을 통한 수입 창출이 대부분이어서 이렇게 창출된 경제적 이익은 대부분 가장에게 돌아가고 여성은 경제권을 가지지 못한다. 가정 내에서 경제권이 없기 때문에 당연히 가정 내에서의 지위는 남편보다 낮을 수밖에 없다.

|참고문헌|

강준영 외,『한권으로 이해하는 중국』, 서울, 지영사, 1997.

공상철 외,『중국 중국인 그리고 중국문화』, 서울, 다락원, 2001.

丘桓興 지음, 남종진 옮김,『중국풍속기행』, 서울, 프리미엄북스, 2000.

권수진,「한자와 간체자 병행 학습 방법에 대한 시론」,『중국연구』39집, 2007.

김병문 외,『中國觀光地理』, 서울, 백산출판사, 1996.

김영구 · 김시준,『중국현대문학론』, 서울, 한국방송통신대학출판부, 2003.

김원중,『중국의 풍속』, 서울, 을유문화사, 1997.

김종박,『중국역사의 이해』, 서울, 호산당, 2003.

達人 엮음, 양호영 옮김,『리자청에게 배우는 기업가 정신』, 서울, 럭스미디어, 2005.

로버트 템플 지음, 과학세대 옮김,『그림으로 보는 중국의 과학과 문명』, 서울, 까치, 1993.

박홍수,「육서의 관점에서 본 간체자」,『중국문학연구』23호, 2001.

司馬遷 지음, 정범진 외 옮김,『史記列傳上中下』, 서울, 까치, 2004[제6판].

史源 지음, 김태성 외 옮김,『상경』, 서울, 더난출판사, 2002.

서성,『한권으로 읽는 중국문화』, 서울, 넥서스, 2005.

손세관,『넓게 본 중국의 주택』, 서울, 열화당, 2001.

손세관,『깊게 본 중국의 주택』, 서울, 열화당, 2001.

송봉규 외,『중국학개론』, 서울, 동양문고, 1998.

守屋洋 지음, 박화 옮김,『중국 3천년의 인간력』, 서울, 청년정신, 2004.

C.A.S 윌리암스 지음, 이용찬 외 옮김,『중국문화 중국정신』, 서울, 대원
    사, 1995.

신성곤 외,『한국인을 위한 중국사』, 서울, 서해문집, 2004.

阿辻哲次 지음, 김언종 외 옮김,『한자의 역사』, 서울, 학민사, 1999.

안영은,「중국의 언어문자정책의 두 가지 중요 논제」,『중국학논총』 36
    호, 2012.

유충걸 외,『中國地理』, 서울, 백산출판사, 1996.

윤창준,『문화로 보는 중국』, 서울, 어문학사, 2014.

윤창준 외,『테마로 보는 중국문화』, 서울, 학고방, 2015.

윤창준,『현대 중국문화의 이해』, 서울, 어문학사, 2016.

이규갑,『한자가 궁금하다』, 학민사, 2000.

이벤허,『중국인의 생활과 문화』, 서울, 김영사, 1994.

이수광,『신의 편작』, 서울, 청어, 2003.

이수웅·김경일,『중국문화의 이해』, 서울, 대한교과서, 1997.

이인호,『중국 이것이 중국이다』, 일산, 아이필드, 2002.

이장우 외,『중국문화통론』, 대구, 중문출판사, 1993.

이재정,『중국사람들은 어떻게 살았을까』, 서울, 지영사, 2002.

林澐 지음, 윤창준 옮김,『중국고문자학 연구방법론』, 학고방, 2004.

前野直彬 지음, 김양수, 최순미 옮김,『중국문학서설』, 서울, 창, 1992.

조관희,『이야기중국사』, 서울, 청아출판사, 1998.

조창완,『차이나소프트』, 서울, 문화유람, 2003.

존 M. 홉슨 지음, 정경옥 옮김, 『서구문명은 동양에서 시작되었다』, 서울, 에코리브르, 2005.

朱謙之 지음, 전홍석 옮김, 『중국이 만든 유럽의 근대』, 서울, 청계, 2003.

주영하, 『중국, 중국인, 중국음식』, 서울, 책세상, 2000.

중국사학회 엮음, 강영매 옮김, 『중국역사박물관』, 서울, 범우사, 2005.

중국어문학연구회, 『중국문화의 이해』, 서울, 학고방, 2000.

曾道 지음, 한정은 옮김, 『장사의 신』, 서울, 해냄출판사, 2004.

허세욱, 『중국문화총설』, 서울, 신지사, 1974.

胡兆量 지음, 김태성 옮김, 『중국의 문화지리를 읽는다』, 서울, 휴머니스트, 2005.

문화를 알면 중국이 보인다

초판 1쇄 발행일 2019년 9월 16일

지은이 윤창준
펴낸이 박영희
편집 박은지
디자인 최민형, 최소영
인쇄·제본 AP프린팅
펴낸곳 도서출판 어문학사
서울특별시 도봉구 쌍문동 523-21 나너울 카운티 1층
대표전화: 02-998-0094／편집부1: 02-998-2267, 편집부2: 02-998-2269
홈페이지: www.amhbook.com
트위터: @with_amhbook
블로그: 네이버 http://blog.naver.com/amhbook
다음 http://blog.daum.net/amhbook
e-mail: am@amhbook.com
등록: 2004년 4월 6일 제7-276호

ISBN 978-89-6184-929-6 03910
정가 18,000원

이 도서의 국립중앙도서관 출판시도서목록(CIP)은 e-CIP홈페이지(http://www.nl.go.kr/eci)와
국가자료공동목록시스템(http://www.nl.go.kr/kolisnet)에서 이용하실 수 있습니다.
(CIP제어번호: CIP2019032367)

※잘못 만들어진 책은 교환해 드립니다.